Die Familie Mosse
und das Rittergut Schenkendorf 1896–1996

Christine Oliwkowski

Die Familie Mosse

und das Rittergut Schenkendorf 1896–1996

Ein Beitrag zur Regionalgeschichte

Bibliografische Information der Deutschen Nationalbibliothek
Die Deutsche Nationalbibliothek verzeichnet diese Publikation in der Deutschen Nationalbibliografie; detaillierte bibliografische Daten sind im Internet über http://dnb.d-nb.de abrufbar.

KulturBrauerei Haus 2
Schönhauser Allee 37, 10435 Berlin
post@bebraverlag.de
Lektorat: Matthias Zimmermann, Berlin
Umschlag: typegerecht, Berlin (Zeichnung: Bernd Fischer)
Satz: typegerecht, Berlin
Schrift: 10,5 pt Dante MT
Printed in Germany
ISBN 978-3-95410-204-4

www.bebra-wissenschaft.de

Inhaltsverzeichnis

Einleitung

Das Rittergut Schenkendorf liegt in der gleichnamigen, mittlerweile zur Stadt Mittenwalde gehörenden Ortslage Schenkendorf, im Landkreis Dahme-Spreewald/Brandenburg. Seine Geschichte lässt sich bis ins Jahr 1315 zurückverfolgen. In der Zeit von 1896 bis 1996 gehörte das Anwesen, das mitten im Ort wie im Dornröschenschlaf liegt, der deutsch-jüdischen Familie Mosse/Lachmann-Mosse. In dieser Phase erlebte es zahlreiche – darunter dunkle – Abschnitte der Geschichte: Enteignung, Umnutzung und Restitution.

Wenn es um das Gut Schenkendorf geht, kommt man an dem Namen Mosse nicht vorbei. Als Zeitungsverleger »Rudolf Mosse 1896 das Rittergut mit Schloss und Vorwerk Marienhof[1] [...] [bei einer Zwangsversteigerung, Anmerkung C.O.] kaufte, war er schon ein bedeutender Mann«[2]. Er machte das Schloss in den folgenden Jahren zum bedeutenden Treffpunkt für Künstler, Wissenschaftler und Gelehrte. Hier wurde in angeregten Tischrunden, bei Spaziergängen und auf Jagden über förderungswürdige Ausstellungen und Projekte ebenso diskutiert wie über Zuwendungen an Museen und Wissenschaftler.

Nach dem Ableben Mosses im Jahr 1920 führte seine Tochter das gesellschaftliche, soziale und örtliche Engagement zusammen mit ihrem Mann Hans weiter. Der Enkel George, der einen Großteil seiner Kindheit auf Schenkendorf verbracht hatte, trat nach 1990 als Sprecher der Erbengemeinschaft in Erscheinung und ist durch seine Erinnerungen – nicht nur für den familienhistorischen Aspekt – ein wichtiger Bezugspunkt.

Die regionalgeschichtliche Arbeit rekonstruiert die Jahre 1896 bis 1996 und schließt die von Elisabeth Kraus in der Monografie »Die Familie Mosse. Deutsch-jüdisches Bürgertum im 19. und 20. Jahrhundert« aufgeworfene Forschungslücke zum Gut, indem grundlegende Ereignisse der Zeit von seinem Erwerb bis zur Restitution dargestellt werden.

In ihrem 1999 erschienenen Werk stellt Elisabeth Kraus fest, dass wenig bzw. gar nichts dazu bekannt ist, wie mit den drei in Familienbesitz befindlichen Rittergütern, Schenkendorf und den fast ausschließlich landwirtschaftlich genutzten Gütern in Gallun und Dyrotz nach 1933 verfahren wurde. Sie vermutet, dass diese, ebenso wie das Berliner Mosse-Palais, durch die Nationalsozialisten enteignet wurden. Zudem führt Kraus aus, dass keine Informationen über den Verbleib von Geldern, Gemälden und Kunstgegenständen der Familie existieren.[3]

Daran anknüpfend soll im Folgenden ein Einblick in die Welt der Rittergüter und ihrer Besitzer im Wandel eines Jahrhunderts gegeben werden. Das Beispiel der Mosses zeigt, dass »Forschung im Bereich der Regionalgeschichte und der Familienforschung – oder auch wie hier gegeben, die Kombination beider – zur Schließung sonst mitunter kaum beachteter Lücken im Forschungsstand beitragen kann«[4]. Dargestellt wird die bewegte Geschichte eines Rittergutes in Verknüpfung mit Familiengeschichte – von Rudolf zu George L. Mosse: einem Fall, der stellvertretend ist für ähnliche Geschichten deutsch-jüdischer Familien, die Rittergüter besaßen.

Den Beginn bildet ein Abriss der drei mit dem Gut verbundenen Generationen der Familie. Der familienhistorische Exkurs dokumentiert den gesellschaftlichen Status, der es Rudolf Mosse erlaubte, das Anwesen zu erwerben und den für die Zeit typischen, exponierten Lebensstil zu führen. Anschließend folgt eine einführende Darstellung des Ortes Schenkendorf sowie von Rittergütern im Allgemeinen, bevor auf das Rittergut Schenkendorf und dessen Vorgeschichte eingegangen wird. Es schließt sich der Hauptteil an, der mit den Jahren 1896 bis 1996 Einblick in die wechselvolle Geschichte des Gutes gibt; u. a. bestimmt durch die ab 1933 folgenden beiden Enteignungen und Regimewechsel.

Besondere Schwerpunkte liegen auf dem Engagement der Mosses für das Dorf und der Zwangsversteigerung des Gutes 1935 nach der Flucht der Familie. Ferner wird auch die Zeit 1945 bis 1990 betrachtet, in der die Familie ihren Lebensmittelpunkt in die USA verlegt hatte und mit dem Gut kaum verbunden war. Das Beispiel verdeutlicht, wie selbstverständlich es war, deutsch-jüdischen Personen gehörende Güter etc. anderweitigen Nutzungen zuzuführen ohne Berücksichtigung der einstigen Besitzer.

Anhand von Archivalien und Aussagen wird rekonstruiert, wie mit Besitz und Eigentum nach 1933 umgegangen wurde. Zum Vergleich wird das der Familie gehörende, landwirtschaftlich genutzte Gut Dyrotz herangezogen. Den Abschluss bildet ein Ausblick auf die Zeit nach 1996, als Ottomar Rodolphe Vlad Dracula Prinz Kretzulesco den Zuschlag zum Erwerb des Gutes erhielt und zwischenzeitlich neuer Schlossherr[5] wurde.

Dank umfangreicher Recherchen ist es möglich, diesen Forschungsstand nicht nur zu untermauern, sondern zu ergänzen. Der in Bibliotheken befindliche Bestand befasst sich vorrangig mit der Stiftungs- und Mäzenatentätigkeit Rudolf Mosses, dem Rudolf Mosse Verlag, der Annoncenexpedition, dem Berliner Tageblatt usw.[6] Ausnahmen sind die Autobiografie George L. Mosses »Aus grossem Hause. Erinnerungen eines deutsch-jüdischen Historikers« von 2003 und die 1991 erschienene Publikation »George Mosse: ›Ich bleibe Emigrant‹. Gespräche mit George L. Mosse« von Runge und Stelbrink. Diese sind relevant, da sie die Erinnerungen George L. Mosses bzgl. seiner in Schenkendorf verbrachten Kindheit beinhalten.[7]

Wichtigster Ausgangspunkt der Ausführungen sind ungedruckte Quellen aus den Archiven Berlins und Brandenburgs. Neben dem Brandenburgischen Landeshauptarchiv (BLHA), dem Kreisarchiv Landkreis Dahme-Spreewald (KLDS) und dem Landesarchiv Berlin (LAB) wurden auch das Privatarchiv der Ortschronistin von Schenkendorf (PAOS), Bärbel Schulze, sowie Erwerbungsakten der Ostasiatischen Sammlung[8] (EAOSa) ausgewertet.

Quellendarstellung

Der Zeitungsverleger Rudolf Mosse kaufte das Gut 1896. Genutzt wurde es nicht nur als Sommerresidenz, sondern auch als Ort kulturellen, intellektuellen und wirtschaftlichen Austausches mit Persönlichkeiten seiner Zeit wie Rudolf Virchow oder Theodor Fontane.[9] Hierüber gibt der im LAB archivierte Nachlass Rudolf Mosses Aufschluss, der eine umfangreiche Korrespondenz beinhaltet und ein detailliertes Bild über dessen gesellschaftliche Kontakte und Aktivitäten bietet. Die Rekonstruktion der 581 Jahre vor Bestehen eines Rittergutes am Ort und die Begebenheit der versuchten Grenzziehung durch den Krummen

See sind den im KLDS befindlichen Aufzeichnungen Franz Blumes zu entnehmen.

Die Zeit, die die Tochter Rudolf Mosses mit ihrem Mann und den drei Kindern Hilde, Rudolf und Gerhard/George auf Schenkendorf verbrachte, ist ebenso wie ihr Engagement für das Dorf, ersichtlich an der Unterstützung örtlicher Vereine oder der Anstellung von Schenkendorfern auf dem Gut, mithilfe des PAOS rekonstruierbar.[10] Über die Beschneidung ihrer gutsherrlichen Rechte und Pflichten durch die 1927 erfolgte Auflösung der Gutsbezirke geben Repositorien aus dem KLDS und eine persönliche Begehung über die 1928 gestifteten Glocken Aufschluss.

Im Bestand der Ortschronistin befindet sich auch ein Bekenntnis der Verbundenheit der Lachmann-Mosses zu ihren Schenkendorfer Bediensteten: ein Brief, den Felicia unmittelbar nach ihrer Flucht in die Schweiz an ihre langjährigen Angestellten, das Ehepaar Kunath, hinterließ.

Aus dem französischen Exil versuchte die Familie vergeblich, die 1935 erfolgte Zwangsveräußerung der Schenkendorfer Besitzungen zu verhindern. Zeugnis von dem Verfahren, den Eingaben und Widersprüchen geben Gerichtsakten und anwaltliche Schreiben, die sich im Bestand des BLHA befinden. Desgleichen Aufzeichnungen über die Jahre bis zum Ende des Zweiten Weltkriegs die wenig über den Besitzer Burchardt[11] sowie die Nutzung des Rittergutes preisgeben.

Ergiebiger sind die Archivalien zu Bodenfonds und Bodenreform nach 1945. Für viele Vorgänge sind die Akten im KLDS dienlich, u. a. ein Schreiben der Gemeinde an die Provinzial-Verwaltung Brandenburg vom 11. Juli 1947, das bestätigt, dass das Gut im Zuge der Bodenreform restlos aufgeteilt wurde. Dossiers über die Parzellierung des Rittergutes für die Vergabe an Neubauern, samt Übersichtsplan, finden sich im BLHA.

Die zweite unrechtmäßige Enteignung von staatlicher Seite nach 1933 erfolgte 1951, als das Schloss dem Ministerium für Volksbildung, Wissenschaft und Kunst zur Unterbringung eines Kinderheims übereignet wurde. Die dafür ausgefertigte Übertragungsurkunde ist im KLDS, ebenso wie weitere Belege über die Umnutzung des Geländes als Mädchenwerkhof, Kinderheim und zur Unterbringung von Teilen der Grenztruppen der ehemaligen DDR.

Über die Zeit der militärischen Nutzung von 1953 bis 1989 gibt neben dem PAOS nur das Werk von Klausmeier »Hinter der Mauer« Auskunft. Insgesamt sind die Informationen bruchstückhaft und geben ein unvollständiges Bild.

Der Verbleib der Hundeskulpturen, die bis in die 1950er-Jahre das rückwärtige Portal der Villa Mosse zierten und fälschlicherweise als verschollen galten, kann anhand der EAOSa nachvollzogen werden. Daraus wird ebenfalls ersichtlich, dass die sogenannten Marmornen Windspiele entgegen anders lautender regionaler Informationen nicht eigenmächtig vom Militär nach Berlin/West verkauft wurden.

Nach der Wiedervereinigung und dem Auszug der Grenztruppen stand das Gut leer, bis auch auf dem Gebiet der ehemaligen DDR die Restitutionsverfahren begannen. Die Rekonstruktion der Rückgabe parzellierter Grundstücke erfolgt anhand von Unterlagen aus dem PAOS.[12] Dort befindet sich auch eine 1998 entstandene Fotografie, die George L. Mosse, bei seinem letzten Besuch und der symbolischen Schlüsselübergabe an den neuen Schlossherrn zeigt. Ausführungen über dessen bis 2006 währende Zeit auf dem Gut bilden den Abschluss. Die Aussage George L. Mosses, dass Schenkendorf ein bodenloses Loch sei und sich nie rentieren konnte, wird nicht zuletzt durch die nicht abreißende Serie von Zwangsversteigerungen belegt, die sich nicht erst seit 1896 wie ein roter Faden durch die Geschichte des Rittergutes zieht.[13]

Gesamtbetrachtung

Allein die wechselvolle Geschichte des Rittergutes vor dem Erwerb durch Rudolf Mosse wäre Anlass genug für eine genauere Untersuchung. Ähnliches gilt für den Umstand, dass Prinz Kretzulesco im Zuge der 2003 in Brandenburg durchgeführten Gemeindegebietsreform als Gegenwehr zur Eingemeindung auf dem Gelände des Gutes ein eigenständiges »Fürstentum Dracula« ausrief.[14] Und auch, dass der Ort durch das Pförtnerhaus und die umgebende Feldsteinmauer bis heute geprägt wird. Diese Prägnanz war Anstoß für die Auseinandersetzung mit dem Rittergut. Unbestritten ist die Faszination zu erkunden, was und wessen Geschichte sich hinter der Mauer verbergen. Es wird deutlich, dass es auch in kleinen, unbeachteten Ortschaften deutsch-jüdisches Zusammenleben gab.

Schloss Schenkendorf, 2012.

Ausschlaggebend war, dass in der Literatur über die Jahre 1896 bis 1996 nur wenig oder Bruchstückhaftes zu finden ist und das Vorliegende nur bis ins Jahr 1933 reicht, als die Familie Deutschland verlassen musste.

Oft waren die Informationen widersinnig oder fehlerhaft; bzw., Kraus folgend, noch gar nicht eruiert. Dies betraf u. a. die Stiftung der Bronzeglocken für die Schenkendorfer Kirche 1928, den Verbleib der Marmornen Windspiele, die Existenz des Gedenksteins Rudolf Mosses im heutigen Mosse-Wald und auch die Familienverhältnisse selbst.

Diese Lücken wird das vorliegende Buch schließen und die mit dem Rittergut Schenkendorf verbundene Geschichte der Familie Mosse/Lachmann-Mosse rekonstruieren sowie bisher Unbekanntes aufzeigen. Dafür verbindet die Darstellung Zeitgeschehen, Regionalgeschichte und Familienhistorie miteinander und bettet die Gutsgeschichte in Begebenheiten der Zeit ein: die Rolle des Gutes während des Kapp-Putsches, die Auflösung der Gutsbezirke und auch die Problematik des Unglaubens des liberalen Judentums gegenüber dem drohenden Unheil durch die Nationalsozialisten.

Von Posen nach Berlin – Eine familiengeschichtliche Einführung

Der Weg der Familie Mosse ist stellvertretend für den Aufstieg einer deutsch-jüdischen Familie aus kleinbürgerlichen Verhältnissen in das großstädtische Wirtschafts- und Bildungsbürgertum. In ihrem speziellen Fall kann jedoch nur von sozialem Aufstieg die Rede sein, nicht von schneller Assimilation. Markus Mosse, Stammvater der Familie, war kein eigentlicher Posener Jude. Er, der seine Kinder im Sinne eines aufgeklärten Judentums und nicht in der dort stark verbreiteten rabbinischen Tradition erzog, war bereits als aufgeklärter und assimilierter Jude in die preußische Provinz gekommen.[1] So wurde den Kindern Markus Mosses, geborener Moses, die Akkulturation nicht vorenthalten. Der Namenswechsel erfolgte – wahrscheinlich der Haskala geschuldet und den Eltern verpflichtet – als »Symbol für den staatsbürgerlichen Qualitätssprung«[2] zwischen 1815 und 1822. Sie traten den Weg von Assimilation und Akkulturation im Elternhaus an und verließen ihn nicht, was durch das Zeitalter der Emanzipation möglich war.[3] Insofern gibt die »Geschichte der Familie Mosse Einblicke in das erfolgs- und aufstiegsorientierte, stark assimilationswillige deutsch-jüdische Bürgertum Berlins und damit auch Deutschlands«[4].

Die Familie hatte seit den späten 1860er-Jahren ihren Lebensmittelpunkt in Berlin und gehörte, wie die meisten der ursprünglichen Posener Juden,[5] zu den einflussreichen Familien und Persönlichkeiten des Kaiserreichs. Sie zählten zu den bekanntesten Berliner Unternehmern, die das Firmenkonzept erfolgreich mit sozialem Engagement für ihre Angestellten verbanden, was sie in der Hauptstadt und dem Umland sehr populär werden ließ. Durch finanziellen Wohlstand und gesunde Wirtschaftlichkeit wurde der familiär geführte Konzern zu einem Weltimperium.[6]

Allgemein zählten die jüdischen Verleger im Berlin der Kaiserzeit zu den besonders erfolgreichen Unternehmern, da seit der Reichsgründung 1871 die jüdischen Presseverlage und Journalisten eng mit dem Aufstieg der Berliner Lokal- und Weltpresse verbunden waren.[7]

Rudolf Mosse, geboren am 8. Mai 1843 in Grätz[8] in der südpreußischen Provinz Posen, vollzog den Aufstieg von einem leidlich passionierten Buchhändler zum Triumvirn[9] der liberalen Presse im Kaiserreich.[10] Nach Absolvierung einer dreijährigen Lehre in der Buchdruckerei Merzbach und einigen Zwischenstationen wechselte Rudolf zur Firma Apitsch. Dort zuständig für die Betreuung des neu geschaffenen Anzeigenteils der Familienzeitschrift »Die Gartenlaube«[11] erkannte er die Wichtigkeit dieser Vermittlungsstelle zwischen Geschäftswelt und Presse. Infolgedessen entschloss er sich, 1867 in Berlin eine Annoncenexpedition für alle in- und ausländischen Zeitungen, Lokalblätter und Fachzeitschriften zu gründen. Er sah die Stadt schon damals als Metropole Deutschlands.[12] Mosse hatte erkannt, dass Werbung, obwohl sie noch in den Kinderschuhen steckte, schon damals ein wertvolles Bindeglied zwischen Presse und Publikum war.[13] Bruno Apitsch wollte ihn deswegen als Teilhaber in seine Firma aufnehmen, doch Mosse lehnte das Angebot ab. Seine Idee hatte ihn auf eine noch bessere gebracht: »Was für eine Zeitung organisiert werden konnte, das mußte sich mit ungleich größerem Gewinn auch für eine Vielzahl von Zeitungen zugleich organisieren lassen.«[14] So eröffnete er am 1. Januar 1867 mit 6.000 Talern, vom Onkel geborgtes Startkapital, im Haus Friedrichstraße 70 die Rudolf Mosse Annoncenexpedition. Diese übernahm die Vervielfältigung von Texten und deren Übersetzung in andere Sprachen, die Anfertigung von Klischees, die Gestaltung von Anzeigen und die Herstellung von Drucksachen. Das Unternehmen überflügelte bald alle Konkurrenten.[15] Mosse schuf mit der Öffnung seiner Annoncenexpedition zwar nichts Originäres, gab diesem neuen, prosperierenden Gewerbe jedoch einen treffenden Namen. Die Wortwahl Annoncenexpedition brachte es auf den Punkt: »Die Anzeige, die Ankündigung, die Mitteilung mußte erst herbeigeschafft, dann besorgt, erledigt und weitergeleitet werden.«[16] In sprachlicher Hinsicht eine gelungene Neuschöpfung, die sich in der Branche auf lange Sicht gegen drei Dutzend Konkurrenten durchsetzte. Die Werbewirtschaft blieb auch immer die Basis sämtlicher geschäftlichen Unternehmungen der später weitverzweigten Rudolf Mosse Offene Handelsgesellschaft (OHG) und bis

1933 finanzielles Fundament des Rudolf Mosse Verlags.[17] Noch 1932 hatte die Rudolf Mosse Annoncenexpedition 15 in- und 20 ausländische Zweigniederlassungen, 127 Anzeigen-Annahmestellen in Deutschland und 51 Geschäftsstellen in Großberlin.[18]

Doch das Jahr 1933, ab dem das Anzeigengeschäft durch staatlichen Machtanspruch geregelt wurde, bedeutete das Ende für die Annoncenexpedition – es musste ein Vergleichsverfahren beantragt und diese aufgelöst werden.[19] Am 25. Juli 1933 folgte eine Bekanntmachung, die verlautete, dass die »Firma […] aus dem Verzeichnis der vom Verein Deutscher Zeitungs-Verleger anerkannten Annoncenexpeditionen zu streichen [sei]«[20]. In Zürich indes existiert bis heute eine Mosse Annoncen AG, die noch immer im Sinne ihres Gründers als Annoncenexpedition agiert.[21]

Populärer als die Rudolf Mosse Annoncenexpedition war der Rudolf Mosse Verlag; sein Firmensitz war zugleich das Wahrzeichen der Presse in Berlin.[22] 1871 gründete Rudolf Mosse dort seine eigene Zeitung, das freisinnige Berliner Tageblatt (BTB), das unter der Leitung seines Neffen Theodor Wolff[23] zum Weltblatt avancierte. »Außerdem erschienen bei Mosse die ›Berliner Volkszeitung‹, das ›8-Uhr-Abendblatt‹ und die ›Berliner Morgenzeitung‹. Daneben veröffentlichte der Verlag Adreßbücher, Telefonbücher, populärwissenschaftliche Werke, Bücher in Esperanto und Russisch.«[24]

Der Zeitpunkt der Gründung zum 1. Dezember 1871 war günstig. Der Krieg mit Frankreich war beendet und der Millionensegen, bedingt durch französische Reparationszahlungen, führte in der neuen Reichshauptstadt zu einem enormen Aufschwung des geschäftlichen Lebens. Die Gründerzeit[25] hatte ihren Höhepunkt erreicht. Anfangs lag der inhaltliche Schwerpunkt des BTB, das ursprünglich als Inseraten-Plantage für die Berliner Geschäftswelt gegründet worden war, auf dem großen, zwei Mal täglich erscheinenden Handelsteil. Dies wandelte sich unter der redaktionellen Leitung Theodor Wolffs. Die Zeitung entwickelte ein deutlich politischeres Profil und erreichte Ansehen und Einfluss.[26] Sie wurde das »Kronjuwel […] – die angesehenste Zeitung Deutschlands, ja eine der fünf oder sechs einflußreichsten Zeitungen der Welt«[27]. Trotzdem meldete der Rudolf Mosse Verlag im Herbst 1932 mit einer Masse von 11,31 Millionen Reichsmark (RM) Insolvenz

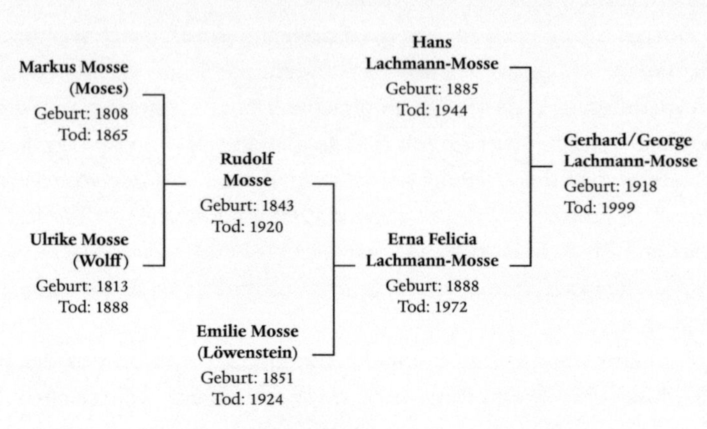

Stammbaum der relevanten Mitglieder der Familie Mosse/Lachmann-Mosse.

an. George zufolge stellte sein Vater den Antrag auf Einleitung des Konkursverfahrens im September 1932 beim Amtsgericht (AG) Charlottenburg.[28] 8,85 Millionen der Konkursmasse waren ungesichert und die Bemühungen um Vergleich mit den über 8.000 Gläubigern der in eine Stiftung umgewandelten Firma hatten gerade begonnen, als der politische Umsturz erfolgte.[29] Um zumindest eine Teilschuld tilgen zu können, versuchte Felicia Lachmann-Mosse, das der Familie gehörende Rittergut Dyrotz zu veräußern. Der Versuch scheiterte und wie im Fall des Rittergutes Schenkendorf wurden die Lachmann-Mosses zwangsenteignet. Das BTB wurde am 1. Januar 1939 eingestellt, nachdem sich der Faschismus des einst renommierten liberalen Verlags bemächtigt hatte.[30] »Die Mossedruckerei, die einst Millionen farbenfroher Anzeigenbeilagen gedruckt hatte, produzierte ›Die Wehrmacht‹, ›Unser Heer‹ und die ›Ostfront-Illustrierte‹ in Massenauflagen.«[31]

Gleichwohl kann bei dem Verlag nicht von einer klassischen Arisierung die Rede sein, da die »Übernahme« vor 1938 stattfand. Während der ökonomische Zusammenbruch 1932 erfolgte, dauerte das institutionelle Auseinanderbrechen der ca. 3.000 Mitarbeiter umfassenden Firma aufgrund von Maßnahmen zur Arbeitsplatzsicherung und steuerrechtlicher und finanztechnischer Überlegungen mehrere Jahre. Die Abwicklung des Verlags verlief angesichts des politischen Drucks weniger geschickt und zog sich bis 1943.[32]

Bereits im April 1933 hatte Hans Lachmann-Mosse die Leitung des Hauses niedergelegt und, wahrscheinlich unter Zwang, eine Erklärung abgegeben, dass er auf die Dauer von 15 Jahren den Überschuss sämtlicher Betriebe einem gemeinnützigen Fonds zur Verfügung stellen werde. »Damit [dieser] zu Gunsten der Opfer des Weltkrieges ohne Unterschied der Konfessionen verwendet werde«[33]– nachzulesen in der BTB-Ausgabe vom 9. April des Jahres. Die nationalsozialistische Übernahme war eine Besonderheit, da sie keinen klaren Schnitt bedeutete: Wurde anfänglich versucht, den Schein der Rechtsstaatlichkeit zu wahren und die Vorgänge als normale Firmenübernahme zu legitimieren, erinnerte sich George, dass man seinen »Vater mit vorgehaltener Pistole [zwang], [die] Vermögenswerte einer Pseudostiftung zu überschreiben, deren Erträge angeblich den Weltkriegsveteranen zu Gute kommen sollten«[34].

Bekanntermaßen besaßen die Nationalsozialisten die Macht, Enteignungen wie rechtlich einwandfreie Transaktionen und Lügen wie Wahrheit erscheinen zu lassen. In Schenkendorf z. B. wurde verbreitet, die Lachmann-Mosses »hätten Steuern hinterzogen und [sich] deswegen aus Deutschland abgesetzt«[35]. In Dyrotz wiederum hieß es, die Familie sei zahlungsunfähig. Diese Verleumdungen kamen auf, weil allgemein bekannt war, dass die Finanzmittel des Unternehmens Grundstock für das private Vermögen und in Immobilien angelegt waren. Neben dem Mosse-Palais am Berliner Kurfürstendamm waren auch die drei Rittergüter als Kapitalanlage erworben worden.[36]

Pionierarbeit leistete Rudolf Mosse bei der Herausgabe eines Bäder-Almanach, der ab 1882 für Fremdenverkehrswerbung erschien, von Kochbüchern und Ratgebern für Bienen- und Geflügelzüchter, Gartenfreunde und Gastronomie.[37] Ein weiteres Novum bildete der Rudolf-Mosse-Code: ein Phrasencode, mit dem gängige Sätze und Formulierungen des allgemeinen Geschäftsverkehrs auf vier Buchstaben reduziert werden konnten – lange Zeit das einzige Hilfsmittel des Telegrammverkehrs in Deutschland.[38]

Neben seinen vielfältigen verlegerischen Tätigkeiten war Rudolf Mosse auch ein engagierter Staatsbürger.[39] So war er u. a. Mitglied der Berliner Handelskammer, der jüdischen Reformgemeinde,[40] des Zentralkomitees des Hilfsvereins für deutsche Juden und Vorsitzender des jüdischen Lehrlingsheims Pankow. Er unterstützte viele jüdische Vereine finanziell, gründete das Markus Mosse Krankenhaus in Grätz, das Rudolf und Emilie Mosse Stift[41] in Wilmersdorf, richtete eine öffentlich zugängliche Galerie sowie Bibliothek in seiner Stadtvilla ein und finanzierte Kunst und Wissenschaft.[42] Trotz seiner weitläufigen Ambitionen ging er jeglichen Ehrenauszeichnungen aus dem Weg und lehnte sogar den vom Kaiser angebotenen Adelstitel ab.[43] Lediglich die ihm für sein umfangreiches soziales Engagement angetragene Ehrendoktorwürde der Juristischen Fakultät der Universität Heidelberg nahm er an.[44]

Es liegt die Vermutung nahe, dass die freisinnig-liberale und antimonarchische Gesinnung Rudolf Mosses der Grund dafür war, dass er das Adelsprädikat ablehnte und keine vom Kaiser begründeten bzw. nach ihm benannten Einrichtungen finanziell unterstützte.[45] Die Zurückweisung der Nobilitierung widerspricht der landläufigen Auffassung, dass die Mitglieder der Großbourgeoisie geschlossen und letztlich erfolglos versucht hätten, durch wirtschaftliche Position und Reichtum Zugang zur aristokratisch-bürgerlichen Führungsschicht zu erlangen. Das Gegenteil war Realität, da viele bei großbürgerlichem Lebenszuschnitt bewusst bürgerliche Anschauungen pflegten und das angebotene »von« als unpassend oder stilwidrig ablehnten. Außer für geschäftliche Zwecke kümmerten sie sich wenig um höfische oder aristokratische Verbindungen. So verzichteten nicht nur die Gründer der großen jüdischen Zeitungsverlage, sondern auch die Rathenaus[46] und Carl Fürstenberg[47] auf den erreichbaren Adelstitel.[48]

Die Zeit seines Lebens gepflegte vielseitige Stiftungstätigkeit[49] war für Rudolf Mosse nicht nur Ausdruck der Nächstenliebe, sondern die Erfüllung eines der wichtigsten Gebote seiner Religion.[50] Zedaka, das oberste sittliche Gebot des Judentums, bedeutet Gerechtigkeit, versteht Wohltätigkeit als ausgleichende soziale Gerechtigkeit und steht im Zentrum des jüdischen sozial-normativen Moralkodexes. Zedaka bezieht sich auf Stiftungstätigkeit als tragende Säule und »ist und bleibt der schönste Ausdruck der menschlichen Würde, der Solidarität und der Nächstenliebe«[51].

Diese Menschenliebe ist Gottesdienst und entspricht dem jüdischen Verständnis von Mildtätigkeit.[52] Aus diesem Grund engagierten sich die Mosses in vielen gemeinnützigen Projekten und entwickelten eine weitreichende Spenden- und Mäzenatentätigkeit ohne konfessionelle Beschränkungen. Sie stifteten Millionen für öffentliche und soziale Aufgaben und Institutionen, Notleidende inner- und außerhalb des Unternehmens, Vereine, Hilfsorganisationen usw.; an die Stadt Berlin und die Ortschaften, in denen sich ihre Rittergüter befanden.[53] Darum hatte »der Name Rudolf Mosse […] überall einen guten Klang«[54]. Er half spontan und großzügig im unmittelbaren Lebensumfeld und bei Notlagen andernorts. Wer um Hilfe bat, im sozialen oder auch wissenschaftlichen Bereich, konnte mit der Unterstützung von Rudolf Mosse und seiner Frau Emilie rechnen.

»Genauso stark waren auch die Bindungen zu künstlerisch-intellektuellen Kreisen, die vor allem auf jüdische Bildungstraditionen, aber auch auf die besondere Bedeutung Berlins als Zentrum des Wirtschafts- und Kulturlebens zurückzuführen [waren]. Die soziale Verflechtung innerhalb des Wirtschaftsbürgertums war eng. Jeder […] verkehrte wenigstens zum Teil mit Unternehmern, und bei vielen überwogen diese Beziehungen. Dagegen war der soziale Umgang mit anderen bürgerlichen Gruppen – vor allem mit Politikern, Ärzten und Anwälten – eine Seltenheit[55] und [findet] sich nur bei Rudolf Mosse.«[56]

Ein weiteres Indiz für die gesellschaftlichen Verbindungen Rudolf Mosses ist ein Gemälde von Anton von Werner[57], das ihn im Kreis von Familie und Freunden zeigt. Das 1899 entstandene Bild[58] eines Gastmahls der Mosses zeigt als Kulisse eine Epoche, der sich Rudolf Mosse verbunden fühlte: Alle Abgebildeten tragen die Kleidung des erfolgreichen und selbstbewussten städtischen Bürgertums aus Flandern im 17. Jahrhundert. Neben Familienmitgliedern sind auf dem Gemälde Personen dargestellt, mit denen Mosse für die Einführung von demokratischen Einrichtungen in Deutschland kämpfte. Dies weist auf den favorisierten politisch-weltanschaulichen Kontext hin, dem er entstammte und sich beruflich und privat verbunden fühlte. Ebenso gibt es Zeugnis von seinem Bürger- und Familienstolz.[59]

Am 8. September 1920 starb Rudolf Mosse. Die »Zeitung von Mittenwalde und Umgebung« meldete zwei Tage später, dass »ein jäher Tod [...] den bekannten Zeitungsverleger Rudolf Mosse [ereilte]. Als er sich am Vormittag auf seinem Rittergut im benachbarten Schenkendorf auf der Jagd befand, [machte] ein Herzschlag dem Leben des trotz seiner 77 Jahre noch recht rüstigen Mannes gegen 1 Uhr plötzlich und unerwartet ein Ende.«[60]

Auch noch in den Jahren nach seinem Ableben, zwischen 1924 und 1928, erzielte die Firma Gewinne, die es Hans ermöglichten, den vom Schwiegervater beschrittenen Weg als Mäzen weiterzugehen.[61]

Mosse entsprach in seinem Habitus als generöser Philanthrop dem Geist der Zeit. Vor dem Hintergrund der großen wirtschaftlichen und sozialen Veränderungen bildete sich ab der zweiten Hälfte des 19. Jahrhunderts das Mäzenatentum heraus, was sich im Aufschwung von kommunalem Stiftungswesen und der Entstehung neuer Formen von Kunst- und Wissenschaftsförderung äußerte. »Bildung und Besitz bildeten eine zentrale Grundlage der bürgerlichen Kultur und des bürgerlichen Selbstverständnisses.«[62] Doch nach der Machtübernahme durch die Nationalsozialisten zerbrach die Basis für dieses bürgerlich-mäzenatische Engagement und es entwickelte sich eine Praxis der Kunstförderung, die durch staatlich-ideologische Lenkung gekennzeichnet war.[63]

Vermutlich begann Rudolf selbst erst in den 1870er-Jahren mit der Sammlung von Kunstgegenständen, die meisten jedoch sammelte er zwischen 1890 und dem Beginn des Ersten Weltkriegs zusammen. Wie umfangreich die Sammlung war, lässt sich allerdings nicht mehr rekonstruieren. Nachweisbar ist, dass er neben dem Kohlehändler Arnhold und dem Baumwollhändler Simon[64] zu den repräsentativsten jüdischen Kunstsammlern gehörte und dass »im Mai 1934 [...], als das Berliner ›Kunst-Auctions-Haus‹ Rudolph Lepke[65] im Auftrag der reichseigenen ›Mosse Treuhandverwaltung-GmbH‹, in deren Hände das gesamte Mosse´sche Vermögen nach 1933 übergegangen war, den Kunstbesitz des Verlegers und seiner Nachkommen versteigerte, [...] 325 Exponate zum Kauf angeboten [wurden]«[66]. Von den philanthropischen Unternehmungen die Rudolf Mosse tätigte, ist heute nur noch eine erhalten: das Gebäude des Rudolf und Emilie Mosse Stift in Wilmersdorf. Dieses wurde 1910 als pädagogisch geleitete Erziehungsanstalt für 100 Waisenkinder gegründet, darunter häufig Hinterbliebene von mittellos gestorbenen Schriftstellern oder Redakteuren.[67]

Hans Lachmann-Mosse setzte das Wirken seines Schwiegervaters fort. Er war Mitglied der jüdischen Reformgemeinde und im Vorstand des Pankower Lehrlingsheimes tätig; das soziale Engagement der Familie fand in Felicia eine Nachfolgerin.[68] Diese hatte Hans Lachmann, Sohn eines Berliner Metallgroßhändlers, 1911 in einer arrangierten Hochzeit geehelicht und die Erlaubnis erhalten, den Namen Lachmann-Mosse führen zu dürfen. Allerdings wurde er nie vollgültiger Erbe. Rudolf hatte ihn nicht als Nachfolger in Betracht gezogen und das gesamte Vermögen an Felicia vererbt; ihr Mann fungierte lediglich als Generalbevollmächtigter.[69]

Dies ist insofern bemerkenswert, da Felicia Lachmann-Mosse keine gemeinsame Tochter von Emilie und Rudolf war. Der Kinderlosigkeit der Ehe und seiner Affinität zu Frauen, besonders zu dem im Haus arbeitenden Küchenmädchen Fräulein Marx, war es zuzuschreiben, dass am 20. Mai 1888 in Köln Felicia geboren wurde. Als kleines Kind kam sie nach Berlin und wurde »dort von Rudolf Mosse im Mai 1893 an Kindes Statt angenommen«[70]. Auch George L. Mosse berichtete in den Gesprächen mit Runge/Stelbrink, dass »Mutter [...] eigentlich ein Adoptivkind [seines] Großvaters [war]. [...] Oder vielleicht war sie das Resultat eines Seitensprungs.«[71] Kraus führt sogar an, dass Felicia erst als dreifache Mutter im Jahr 1919 von Emilie angenommen wurde.[72]

Generell gibt es widersprüchliche bzw. einander ausschließende Informationen über die Tochter Rudolf Mosses – teilweise die Behauptung, Rudolf Mosse habe gar keine Kinder gehabt.[73] Dies wirft zum einen die Frage auf, wie die Besitzungen und der Verlag auch nach dem Tod von Emilie Mosse 1924 weiter in Familienbesitz verbleiben und die Erbengemeinschaft nach 1990 aufgrund der Enteignung durch die Nationalsozialisten restituiert werden konnten. Und wird zum anderen widerlegt durch ein Schreiben Theodor Wolffs aus Paris: »An die gnädige Frau mit Grüßen für Sie, Rudolf, und Ihre Tochter.«[74] Weiterhin hält sich auch die These, sie sei ein elternloses Kind aus dem Wilmersdorfer

Stift gewesen und von Emilie und Rudolf aufgrund der eigenen Kinderlosigkeit adoptiert worden.[75]

Dass sie jedoch tatsächlich die leibliche Tochter zumindest Rudolf Mosses war, geht aus den Memoiren seines Enkels hervor. In diesen berichtet er von einer beifälligen Konstellation: 1934 unternahm sein Vater etwas Ungewöhnliches. Zu der Zeit, als er bereits im Exil lebte, fuhr er in die Schweiz, um von dort mit einem Aktenkoffer voll Geld heimlich nach Deutschland zu reisen. Er hatte Rudolf kurz vor dessen Tod versprochen, sich Zeit seines Lebens um das in Köln lebende, ehem. Küchenmädchen zu kümmern.[76]

George L. Mosse,[77] »die dritte Generation«, wurde als Gerhard Lachmann-Mosse am 20. September 1918 in eine der reichsten und namhaftesten Familien Berlins geboren. Er machte sich einen Namen als Historiker unter anderem mit Publikationen zu Nationalsozialismus, Rassismus und Sexualität.[78]

Ungeachtet der Tatsache, dass sein Vater und Großvater ein gastfreundliches Haus führten, in dem Unternehmer, Wissenschaftler und vor allem Künstler verkehrten, erlebte er selbst vonseiten seiner Eltern anämisches Desinteresse.[79] Infolgedessen wurden besonders die Schenkendorfer Angestellten zu den wichtigsten Bezugspersonen, da er mit ihnen den Großteil seiner Kindheit verbrachte.

Bereits als Kind konnte er über einen ganzen Flügel des Herrenhauses verfügen und hatte schon als Grundschüler einen eigenen Chauffeur;[80] jedoch keine emotionale Bindung zu seiner Familie. Darum verspürte er keinerlei Sentimentalitäten, als er die ehemaligen Besitzungen der Familie besuchte.

George L. Mosse verlebte seine Kindheit in einem exquisiten großbürgerlichen Milieu, das einer Welt entstammt, die heute unwiderruflich verschwunden ist[81] – etwas, das man auch über die Bedeutung des Ortes und das mittlerweile für die Öffentlichkeit unzugängliche Rittergut Schenkendorf sagen kann.

Historischer Überblick – Schenkendorf und Rittergüter

Die Ortslage Schenkendorf, 1307 erstmalig urkundlich erwähnt,[1] entstand im gleichen Zeitraum wie die Mark Brandenburg[2] – zwischen 1130 und 1320. Schenkendorf befindet sich ca. drei Kilometer südwestlich der Stadt Königs Wusterhausen und ist ein verschlafenes, märkisches Dorf. Doch für ein halbes Jahrhundert war es hellwach[3] – und das bereits 26 Jahre bevor Zeitungsmagnat Rudolf Mosse Rittergut und Schloss erwarb.

Nachdem bei Ausschachtungsarbeiten im Garten des Bauern Rhodisch in 1 ½ Metern Tiefe Braunkohleschichten entdeckt wurden, kaufte ein Konsortium nach 1870 mehrere Bauerngüter und legte die Braunkohlegrube Centrum an. Nach einigen Probebohrungen wurden durch den Zernsdorfer Tongrubenbesitzer Landsberg Förderanlagen errichtet und der Abbau begann. Doch von Anfang an gab es ein gravierendes Problem: den hohen Grundwasserspiegel. Dieser machte ein stetiges Abpumpen des Wassers nötig und verteuerte die Förderung der Braunkohle. Aus diesem Grund wurde das Bergwerk 1885 an die Firma Werner von Siemens[4] verkauft, die die Förderanlagen modernisierte und Wohnhäuser für die zugezogenen Bergleute errichtete. Schenkendorf entwickelte sich für eine kurze Zeit zu einem beachtlichen Industriestandort.

Das Grundwasserproblem konnte trotz ungewöhnlicher Versuche[5] nicht zufriedenstellend gelöst werden. Immer wieder quoll nasser Sand in die Förderschächte und setzte Maschinen, wie die große Förderpumpe, zu. Deshalb wurde der Braunkohleabbau 1898 endgültig eingestellt – abgesehen von den Jahren zwischen 1948 und 1952, als aufgrund des akuten Brennstoffmangels nach Ende des Zweiten Weltkriegs wieder Kohle gefördert wurde.[6] Die Probleme der Entwässerung brachten den Aufschwung in Schenkendorf zum Erliegen. An die Zeit erinnern nur noch die alten Siemenshäuser der Bergarbeitersiedlung

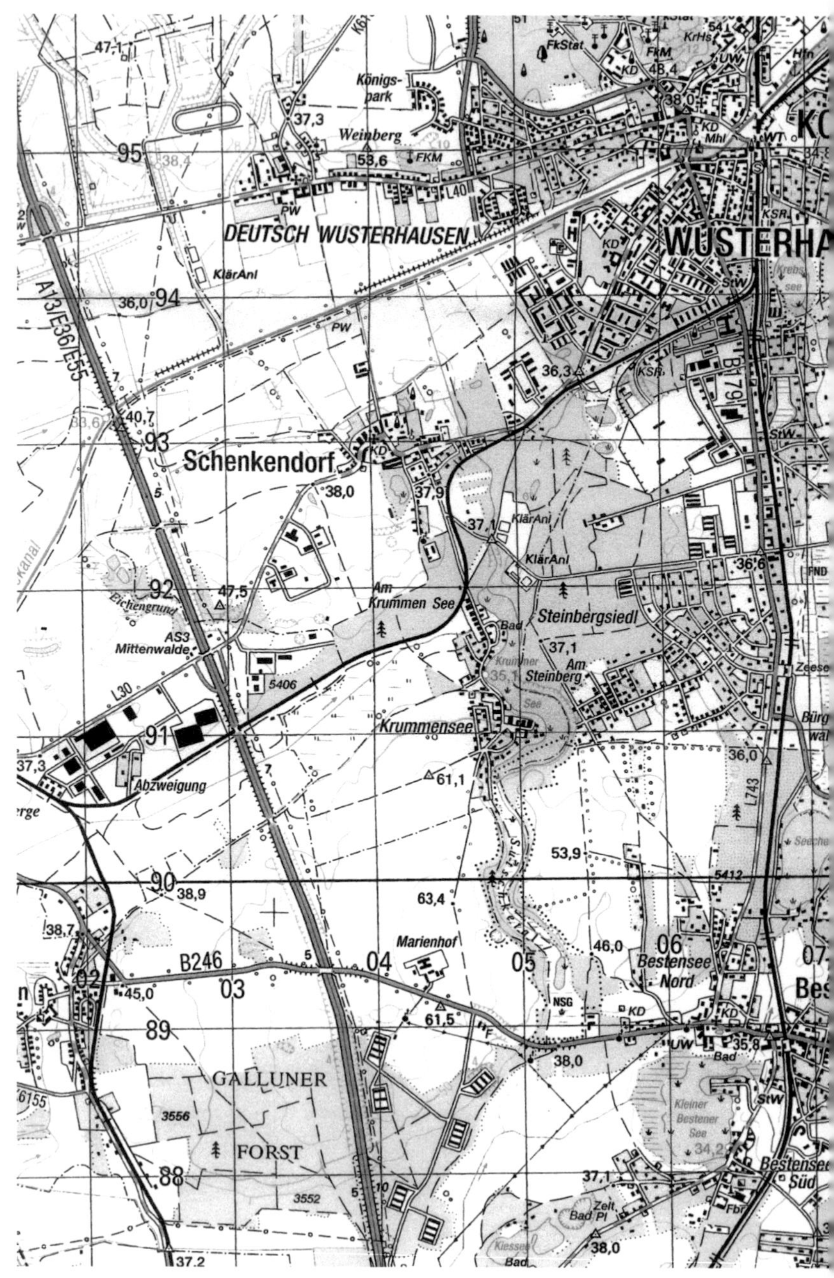

Übersichtskarte der Region.

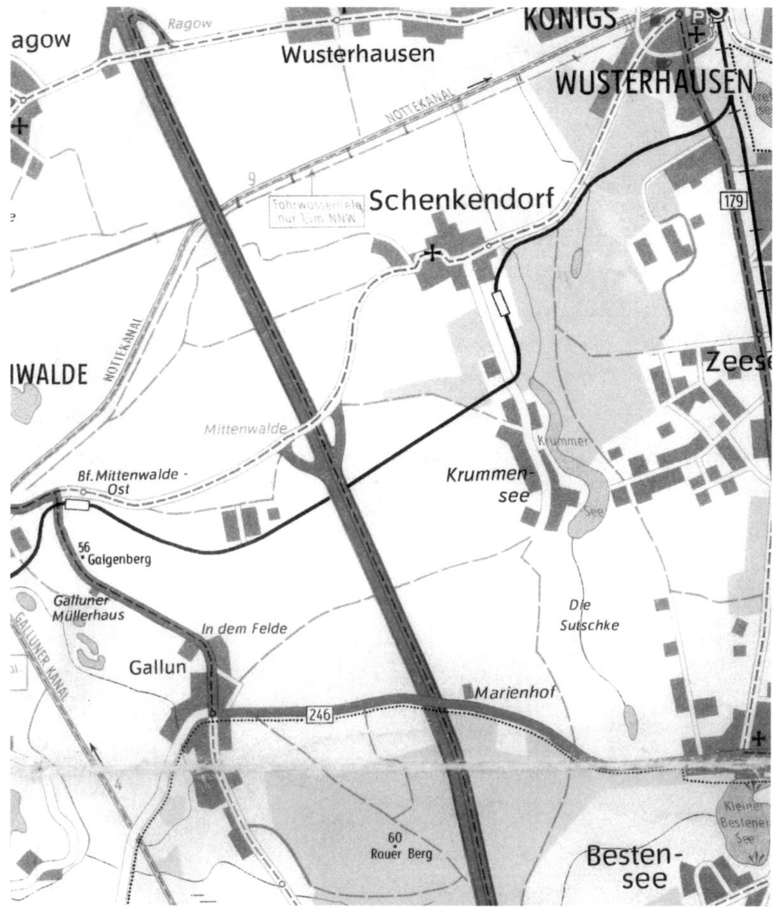

Ausschnitt aus einer Karte der Region um Schenkendorf.

und »ein See, der sich damals, als man die Schächte 40 bis 80 Meter tief anlegte, bildete. Aus derselben Zeit stammt das von einem schönen Park umgebene Gutshaus«[7], das Rudolf Mosse 1896 vom Geheimen Kommerzienrat Richter für 665.000 Goldmark (GM) min. RM kaufte und dessen Besitzer er und seine Erben bis zur Zwangsenteignung 1935 waren.[8]

In diesem Zeitraum erlangte Schenkendorf weltliche Bedeutung,[9] die wahrscheinlich weder Ort noch Rittergut wieder vergönnt sein wird – auch wenn es gegen Ende des 20. Jahrhunderts durch einen (adoptierten) rumänischen Prinzen Bestrebungen gab, das Anwesen altem Glanz zuzuführen.

Rittergüter in Brandenburg

Rudolf Mosse erwarb neben dem Rittergut Schenkendorf, eine Bezeichnung, die sich im Übergang vom 18. zum 19. Jahrhundert gegenüber konkurrierenden Begrifflichkeiten für privilegierte ehemalige Lehngüter und Großgrundbesitz durchsetzte, die ebenfalls im Brandenburgischen gelegenen, landwirtschaftlich genutzten Rittergüter Gallun und Dyrotz. Mit Investition in derartige Immobilien entsprach er dem Geist der Zeit.[10] Großgrundbesitz war im gesamten 19. Jahrhundert eine lukrative und sichere Möglichkeit, um größeres Kapital anzulegen.

Durch parallel zu den Bodenpreisen steigende Verschuldung bei Neukäufen oder Besitzübernahmen verfügten neue Großgrundbesitzer neben ihren Gütern meist über erhebliches Kapitalvermögen.[11] Der Erwerb des Rittergutes Schenkendorf durch die Mosses war also kein Einzelfall. Viele jüdische Großindustrielle partizipierten an der sogenannten Refeudalisierung des deutschen Großbürgertums durch Erwerb von Rittergütern, Landsitzen und Schlössern, so die Familien Israel, Arnhold, Rathenau, Wertheim[12] und in nicht geringerem Maße »als ihre nichtjüdischen Klassengenossen«[13].

Auch wenn der bürgerliche Besitz von Rittergütern und privatem Großgrundbesitz im Verlauf des 19. Jahrhunderts erheblich stieg, blieb der Anteil an besessener Fläche nur relativ gering, da Bürgerliche überwiegend kleinere Rittergüter erwarben.[14] Selbst wenn nur ein Teil der Bürgerlichen durch den Erwerb eines Gutes die aristokratischen Wert- und Lebensnormen imitierte,[15] machte der Volksmund keinen Unterschied. Alle noblen Häuser, in denen eine Herrschaft wohnte oder die einer gehörten, wurden als Schlösser bezeichnet.

Bei genauerer Betrachtung sind dennoch Unterschiede feststellbar: Schlösser dienen der Repräsentation des Schlossherrn und verkörpern als Bauwerk dessen politische Macht sowie Machtanspruch. Herrenhäuser hingegen dienen nur untergründig der Repräsentation und wurden meist ökonomisch als Wohnhaus der Gutsherrenschaft genutzt.[16]

Bis Ende des 19. Jahrhunderts konnten Schloss und Herrenhaus untereinander und im Vergleich miteinander sehr verschieden sein. »Von dem einfachen, vielleicht eingeschossigen Bau, […] bis zum durchaus schloßartigen mehrgeschossigen Bauwerk mit zwei oder drei Flügeln und reich stuckatierter Fassade.«[17]

Schloss und Herrenhaus unterliegen nicht unbedingt einer Wert- und Bedeutungshierarchie bzw. lassen sich nicht ausschließlich über den Baustil definieren. Aus diesem Grund wird an der klassischen Unterscheidung zwischen einem Schloss als Repräsentationsbau und dem Herrenhaus als Teil der Gutswirtschaft festgehalten. Ein Schloss ist in der Regel prächtig und groß, während bei einem Herrenhaus die Nützlichkeit im Vordergrund steht und es auch aus finanziellen Gründen meist bescheidener ist.[18]

In den Jahrzehnten vor Ausbruch des Ersten Weltkrieges wurden Herrenhäuser Schlössern immer ähnlicher. Schloss und Herrenhaus, in der Renaissance durch Funktion und Bauweise deutlich voneinander zu unterscheiden, glichen sich Ende des 19. Jahrhunderts allmählich an.[19] Dies war u. a. an dem italienischen Landvillenstil zu erkennen, der auch in Schenkendorf zu finden ist und sonst den Schlössern der Schinkelzeit vorbehalten war.[20]

Dies deutet auf Einebnung der gesellschaftlichen Unterschiede hin, was ermöglichte, dass Bürgerliche durch Erwerb von ehemals privilegiertem Großgrundbesitz in die Sphären der Aristokratie aufsteigen und sich dieser angleichen konnten.

Der Mythos – Rittergutsbesitzer

George L. Mosse erinnert sich, dass im wilhelminischen Deutschland jeder, der ein Anwesen besaß, sich mit dem Titel »Rittergutsbesitzer« schmücken konnte und dass dies wichtig war in einer Zeit, in der Titel gesellschaftlichen Status garantierten.[21] Darum hatten »fast alle in der Haute Bourgeoisie […] einen Landsitz, in der Regel ein Rittergut. […] Viele der reichen Juden kauften diese Rittergüter, weil dann auf der Visitenkarte ›Rittergutsbesitzer‹ stand. Der Titel gehörte dazu. Das war fast ein Adelstitel damals.«[22] Dementsprechend hatte auch Rudolf Mosse das Recht, sich Rittergutsbesitzer zu nennen. Dies bedeutete nicht nur Prestige, sondern war Teil der gewollten Integration von jüdischen Mitbürgern in die nicht-jüdische deutsche Gesellschaft.[23] Aus diesem Grund hegte der Adel lange Zeit tiefes Misstrauen und eine ablehnende Haltung gegenüber Bürgerlichen, die dank Geld in die Reihen der Großgrundbesitzer aufstiegen – ungeachtet ihrer Abstammung. Gegen Ende des 18. Jahrhunderts entstand die Auffassung, dass Besitz von Gütern moralische und soziale Verpflichtung gegenüber Staat und Gutsuntertanen einschloss; zugleich galten Rittergüter im Besitz von Bürgerlichen als reine Ware in den Händen von Kapitalisten. Dies erklärt, warum diesen Familien im Lauf des 19. Jahrhunderts zwar zunehmende, jedoch letztlich nur partielle Akzeptanz widerfuhr. Bis zum Ende des Kaiserreiches überwog die Ablehnung gegenüber Kapitalisten und Spekulanten; Land fungierte also nicht als Vermittlungsort zwischen Adel und Bürgertum. Die Ursache dafür könnte sein, dass sich die alten bürgerlichen Familien stark auf das eigene Umfeld bezogen und so als Mittler zwischen Adel und Newcomern kaum infrage kamen.[24]

Der soziale Umgang der Rittergutsbesitzer miteinander bildete für Adlige nur eine Facette ihres weit gefächerten gesellschaftlichen Lebens. Auch andere, die ab 1871, bedingt durch die Gründerzeit, Großgrundbesitzer wurden, verschmolzen weder mit dem alten Adel noch gaben sie Bürgerlichkeit auf. Die länger ansässigen bürgerlichen Familien standen dem Landadel am nächsten. Jene, die erst kurze Zeit zu den Großgrundbesitzern zählten, hatten kaum die Chance, Ressentiments abzubauen und Kontakte zu knüpfen, wofür Alteingesessene Jahrzehnte benötigt hatten.[25]

Neben dem Prestige und den Möglichkeiten, die der Titel Rittergutsbesitzer verlieh, muss auch »das Leben an exponierten Erinnerungsorten, das zahlreiche Personal, die herausgehobene Stellung innerhalb der ländlichen Welt oder die Pflege exklusiver Passionen […] [einbezogen werden]. Außerdem stellte die Herrschaft über die Gutsuntertanen und die politischen Rechte, die den Großgrundbesitzern zustanden und die sie deutlich von städtischem Bürgertum abhoben, Qualitäten dar, die in einem reinen Einkommensvergleich kaum widergespiegelt werden [können].«[26]

Es gab noch eine besondere, wenn auch klein gebliebene Gruppe von Nobilitierten. Im Gegensatz zu den bürgerlich bleibenden Großgrundbesitzern wie Mosse hatten sie Aufstieg und Assimilation mit dem Adel erstrebt. Unter ihnen waren nur wenige seit Generationen auf dem Land vertretene bürgerliche Familien. Der bedeutende Teil stammte aus Kreisen der städtischen Industriellen und Bankiers, »die auf dem Umweg über das Land – und teilweise auch über den [sic!] Fideikommiß[27] den Eintritt in den Adel schafften«[28]. Jedoch führte auch langfristiger Besitz von Rittergütern nur selten zur Erhebung in den Adelsstand. »Das Land allein adelte also die bürgerlichen Besitzer in Preußen nicht.«[29]

Auch ein Großneffe Rudolfs, Werner E. Mosse, äußert sich in einem Werk dazu und betont, dass »neben solch ›verspätet‹ bürgerlichen Entrepreneurs [...] dann diejenigen [standen] [...], die sich nicht mehr oder minder bemühten, Zugang zu den ›höheren‹ gesellschaftlichen Sphären zu finden. Man erwarb Landgüter und lebte auf ihnen (gewöhnlich am Wochenende) auf ziemlich großem Fuß (in plutokratisch-pseudo-aristokratischem Stil).«[30] Er revidiert die These, dass Mitglieder der jüdischen Großbourgeoisie um jeden Preis versucht hätten, mittels Reichtum und wirtschaftlicher Position Zugang zur aristokratisch-bürgerlichen Führungsschicht zu erlangen.

Gleichwohl unterscheidet Mosse drei Gruppen der jüdischen Großbourgeoisie: jüdisch-bürgerlich, normal-betitelt und feudal-assimilatorisch. Die Kategorisierung jüdisch-bürgerlich, vorwiegend in der Gründergeneration zu finden, ist gekennzeichnet »durch halb-oppositionelle Anschauungen und anti-aristokratische Haltung. [...] Sie lehnte Nobilitierung ab und war an Konnubium mit dem Adel nicht interessiert. Als Beispiel nennt er Rudolf Mosse, der Bismarcks Versuch, das Berliner Tageblatt in ein Regierungsorgan zu verwandeln, vereitelte und [...] auf die Nobilitierung verzichtete.«[31]

Auch gemessen an der Sozialstruktur des Freundes- und Bekanntenkreises kann nicht von einer durchgehenden Aristokratisierung der jüdischen Unternehmer Berlins die Rede sein, da sie im Allgemeinen weder Zugang zur höfischen Gesellschaft noch zur altadligen Rittergutsbesitzerklasse hatten.[32]

Doch der Titel Rittergutsbesitzer war Prestigeobjekt – und so ließ auch Rudolf Mosse sich diesen bald nach Erwerb des Gutes auf Visitenkarten und Geschäftspapiere drucken.[33]

Das Rittergut zu Schenkendorf

Die Villa Mosse ist ein später, monumentaler Vertreter des schlichten, italienischen Landvillenstils[34] mit neoklassizistisch-romanischer Ausprägung[35] und bejaht die optische Annäherung von Herrenhäusern und Schlössern.[36] Dass im Zuge der Nennung des Rittergutes Schenkendorf, in der Region und unter den Anwohnern, immer die Bezeichnung Schloss statt Herrenhaus oder auch Villa vorherrscht, worum es sich gemäß Bath und dem Freundeskreis Schlösser und Gärten der Mark handelt, liegt wahrscheinlich daran, dass das Gut fast 100 Jahre zu den Besitzungen des preußischen Königs gehörte.[37] Und ebenso wie George L. Mosse in seinen Memoiren die Begrifflichkeit gebraucht,[38] ist diese in offiziellen Schriftstücken von Nationalsozialismus und DDR gebräuchlich.[39] Da diese verfälschende Klassifizierung von eigentlichen Herrenhäusern gängig ist, wird sie im Folgenden weiterhin verwendet.

Das Rittergut wird umgeben von einer Feldsteinmauer, in der ein Rundturm eingelassen ist, der als Pförtnerhäuschen fungierte und über den damals wie heute Zufahrt gewährleistet wird. Das Schloss selbst verbirgt sich hinter dieser steinernen Demarkation und liegt inmitten eines ca. sieben Morgen[40] großen Parks, umgeben von Ackerland und dem am Ende des Anwesens befindlichen alten Gutshof, nebst zugehörigen Stallungen, Gewächshäusern und einer Raffinerie für Zuckerrüben.[41]

Das neue Gutshaus, die Villa Mosse, wurde bewusst nicht auf dem alten Gutshof errichtet. Ein Vorgehen, das seit dem 19. Jahrhundert gebräuchlich war und den Erhalt und die Nutzung des Alten, z.B. als Wohnobjekt für die Gutshofverwaltung etc., gewährleistete.[42] Hierbei bleibt jedoch umstritten bzw. ungeklärt, ob Rudolf Mosse den Bau selbst errichten ließ oder ihn 1896 fertiggestellt aus der Zwangsversteigerung kaufte.

Kristina Hübener führt aus, dass »das Gutsschloss zwischen 1870 und 1896 von einem bislang unbekannten Architekten erbaut«[43] wurde, wohingegen George L. Mosse angibt, es sei erst in den 1890er-Jahren entstanden.[44] Die Ausführungen Hübeners sind schlüssig, wenn die lange Bauzeit und damit verbundene Kosten Grund der Zwangsversteigerung waren.

Das zweigeschossige Gutshaus ist ein Bau im italienischen Turmvillenstil, »allerdings in ›deutscher Ausführung‹, d.h. […] ein Klinkerbau«[45].

Der gelbe Ziegelbau, mit durch vortretende Fenster belebten Fassade und Aussichtsturm, weist einen unregelmäßigen Grundriss auf; inklusive repräsentativer Galerie. Die umlaufende Galerie, die sich zu einem Vorraum öffnet, der in den Park führt, dominiert den Innenraum – eine mit aufwendigem Deckenstuck verzierte Halle.[46] Der Park ist nach Norden ausgerichtet und verfügt über eine teilweise erhaltene Teichanlage und einen 1912/13 errichteten Aussichtsturm mit Skelettkonstruktion. Durch den Neubau abseits des alten Gutsgebäudes konnte der »von den Bedürfnissen der neuen, wie in Schenkendorf meist aus dem großstädtischen Bereich stammenden Besitzern diktierte Raumkomfort, [...] auch abseits des seit Generationen gleich bleibenden Gutszentrums verwirklicht werden«[47]. So erinnert sich George an die beiden im Erdgeschoss befindlichen repräsentativen Wohnzimmer – den Roten und den Grünen Salon – und die imposante Empfangshalle, von der aus der Wintergarten erreichbar war, der Zugang zu Terrasse und Blick auf die weite Rasenfläche und den See ermöglichte.

Des Weiteren befanden sich im Erdgeschoss ein Speisesaal und die Gemächer seiner Mutter; im zweiten Stock acht Gästezimmer, zugänglich von der umlaufenden Galerie, die später mit eigenem Bad nach französischem Vorbild ausgestattet wurden. Der Schenkendorfer Familiensitz bot mit seinen insgesamt 24 Zimmern so viel Platz, dass sogar die Enkel Rudolf Mosses, ebenso wie in der Stadtvilla in der Maaßenstraße, über ein eigenes Wohn- sowie Schlafzimmer verfügten.[48]

Dass das Rittergut schon bevor es zu den Besitzungen der Familie Mosse gehörte, geschichtlich bemerkenswertes Terrain war, das sich aber manchmal hinter Feldsteinmauern verbirgt, wird im Folgenden kurz dargelegt.[49]

Die Vorgeschichte – vom Erbpachtvorwerk zum Rittergut

Seit 1315 gab es in Schenkendorf einen Rittersitz, zurückgehend auf Ritter Hinrikus/Heinrich Schenke von Schenkendorff, der auch Gründer des Ortes ist.[50] 1427 bis 1472 war es markgräfliches Lehen der Familie von Slyben/Schlieben, die es Ende des 15. Jahrhunderts an Albrecht Schenck von Landsberg zu Teupitz veräußerte. Seitdem gehörte auch der Krumme See zum Rittersitz, dessen letzte private Besitzerin Felicia Lachmann-Mosse war.[51]

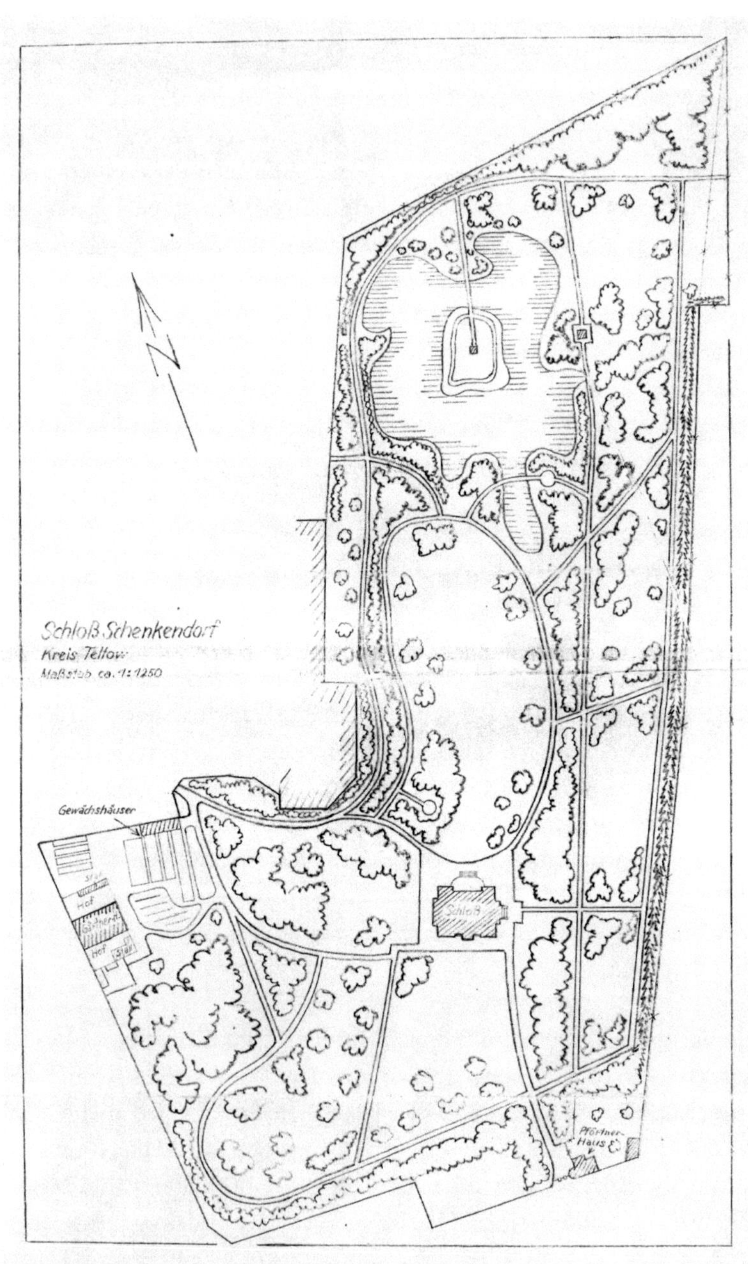

Übersichtskarte des Rittergutes, Datierung unbekannt.

Schloss Schenkendorf. Postkarte, ca. 1910.

Nachdem der Sitz derer von Landsberg im Dreißigjährigen Krieg zerstört und ihr Vermögen verfallen war, sahen sie sich genötigt, ihren Besitz an den Kammergerichtsadvokaten und Bürgermeister von Berlin, Müller, für 5.500 Taler zu verkaufen. Dieser wiederum veräußerte ihn 1657 für 18.000 Taler an Johann Friedrich Freiherr von Löben.[52]

Mit von Löben begann die wechselvolle Geschichte des Areals: Er ließ das Gut mit französischem Park errichten, in dem es sowohl ein Tee- als auch ein Lustschlösschen gab. Auch wenn davon keine Abbildungen erhalten sind, ist wahrscheinlich, dass sich das Lustschlösschen am Standort des heutigen Herrenhauses befand.

Daher ist es opportun, Johann Friedrich Freiherr von Löben und seine Nachfahren als Begründer des Gutes zu sehen, das Ende des 19. Jahrhunderts Eigentum der Mosses wurde.[53] Wie diese hatten sich auch die von Löbens stets um die Mittellosen des Dorfes gekümmert und dankbar erinnerten sich Untertanen der milden Herrschaft, die »jedem über schlechte Zeiten hinweg«[54] half.

Doch auch die Familie von Löben blieb nicht lange auf dem Gut. Zum einen weil das opulente Leben sie in den finanziellen Ruin trieb, zum anderen wegen der Belange des Soldatenkönigs, »dem die Abrundung seiner Herrschaft Wusterhausen sehr am Herzen lag; [so] erkaufte [er] am 17. Februar 1717 [...] auch Schenkendorf von den Löben für insgesamt 57.320 Taler«[55]. Selbst wenn möglich ist, dass das alte Gutshaus, das ca. 80 bis 100 Meter von der Villa entfernt steht, ein Überbleibsel der Herrschaft von Löben ist,[56] handelt es sich bei dem siebenachsigen, eingeschossigen Gutshaus der Kubatur nach um einen Bau aus der zweiten Hälfte des 18. Jahrhunderts. Zu dieser Zeit war das Anwesen bereits königlicher Besitz.[57] Friedrich Wilhelm I., der mit dem Kauf seinen Güterbestand vergrößerte, ließ auf dem Gelände ein Logierhaus und Tennisplätze anlegen, die er nutzte, wenn er sich nicht in seinen, zu den weitläufigen Schenkendorfer Besitzungen gehörenden Wäldern auf der Jagd befand.[58]

Ab 1722 vererbpachtete der König den Besitz wieder und bis 1830 wechselte er öfter den Generalpächter. 1833 wurde das Gut zur Subhastation gestellt und dem Meistbietenden zugeschlagen.[59]

Abgesehen von der Familie Lachmann-Mosse, die weder das Gut 1933 freiwillig verließ noch 1935 freiwillig verkaufte, und möglicherweise dem preußischen König fehlten sämtlichen Besitzern oder Pächtern die finanziellen Mittel, um das Anwesen längerfristig zu unterhalten. Ein Umstand, der sich bis heute fortsetzt – und auch Ursache der letzten Zwangsveräußerung 2009 war.

1845 kam es noch zu Auseinandersetzungen zwischen dem königlichen Grundherren und den bäuerlichen Wirten. Dem König fiel eine Fläche von ca. 442 Morgen zu, »die unmittelbarer königlicher Besitz blieb und den Namen Marienhof erhielt«[60]. Ab dem 24. Dezember 1853 wurde das sogenannte Vorwerk Marienhof fest mit dem durch Kabinettsordre[61] nun landtagsfähigen Rittergut Schenkendorf verbunden und gelangte so 43 Jahre später mit zu den Besitzungen Rudolf Mosses.[62]

1896 – Rudolf Mosse erwirbt das Rittergut

Um die Jahrhundertwende waren für die Familie Mosse nicht nur innerstädtische Immobilien interessant, sondern ebenso im südlichen Brandenburg. Dort erwarb Rudolf Mosse das Rittergut Schenkendorf für sich und seine Familie vor allem als Sommerresidenz und, »um ein Zentrum für Kunst, Kultur und Wissenschaft in Form von Förderungen entstehen zu lassen«[1]. Er kaufte das Gut nach einer Zwangsversteigerung vom Geheimen Kommerzienrat Richter für 665.000 RM.[2] Das königliche Amtsgericht hatte den Besitz zwangsweise zum Zeitwert zum Verkauf stellen müssen.[3] Dazu gehörten Schloss und Vorwerk Marienhof mit insgesamt ca. 619 Hektar Fläche, davon ca. 384 Hektar Ackerland, 127 Hektar Wald und 50 Hektar Wiese.

Für Rudolf Mosse war es das dritte Gut unter seinen Besitzungen, nachdem er zuvor Gallun und Dyrotz erworben hatte, die allerdings fast nur landwirtschaftlich genutzt wurden.[4] Zusammen besaßen die drei Güter eine Gesamtfläche von fast 1.200 Hektar und einen annähernden Wert von einer Million Mark. Der bevorzugte Landsitz blieb bis zum Tod Rudolfs das Gut bei Königs Wusterhausen;[5] stets der großbürgerlichen Welt verhaftet und den Idealen der Aufklärung verpflichtet.[6]

Und so prägte Mosse, der in der »Chronik von Mittenwalde [...] als selbstständiger Einwohner der Gemeinde und Rittergutsbesitzer an erster Stelle erschien«[7], das Schloss »durch sein Mäzenatentum und seine Kunstsammelleidenschaft zum bedeutendsten gesellschaftlichen Treffpunkt [...] [im Umland Berlins [Anmerkung C.O.]]«[8]. Dies gestaltete sich z. B. in angeregten Tischrunden, langen Spaziergängen oder Jagden, bei denen über förderungswürdige Ausstellungen und Projekte oder Zuwendungen an Museen und Wissenschaftler debattiert und diskutiert wurde.[9] Zeugnis über Schenkendorf als Ort gesellschaftlichen Austausches gibt der schriftliche Nachlass des Ehepaars Mosse.[10]

Das zur Entspannung und als kultureller Treffpunkt dienende Domizil war »anschauliche Demonstration der Solidität seines ein Jahrzehnt zuvor gegründeten Verlagsimperiums. Um seine Arriviertheit zu unterstreichen, [kaufte er] 1896 das Landgut in Schenkendorf mit seinem prachtvollen Herrenhaus, zu dem man mit dem Automobil von Berlin aus rund vierzig Minuten unterwegs war.«[11] Und weil die Familie sich in diesem romantisch gelegenen Schloss besonders wohl fühlte, brachte sie sich auch in der Gemeinde ein, »damit der Ort, der durch Überflutung der Kohlengrube ›Centrum‹ im Jahre 1898 in Verarmung geraten war, wieder zu neuem Leben erblühen konnte. Viele Schenkendorfer fanden Arbeit, Lohn und Brot auf dem Gut und im Schloß.«[12] Etliche der dort Arbeitenden waren Ortsansässige; u. a. angestellt als Kraftfahrer, Chauffeur oder Gärtner. Wie George sich erinnert, waren »allein im Park […] fünfzig bis sechzig Gärtner beschäftigt, in der Landwirtschaft noch mehr Leute«[13]. Mosse war nach Siemens, der noch die Reste der Grube betreute, der zweitgrößte Arbeitgeber im Ort[14] und tätigte während der durch Schließung der Kohlegrube drohenden Massenarbeitslosigkeit finanzielle Zuwendungen in Form von Spenden für Gemeinde, Feuerwehr und Kirche. Ein Engagement, das Sympathien sicherte und durch den Schwiegersohn fortgesetzt wurde.[15]

Das ganze Dorf profitierte von der Familie, denn »nicht nur als Ehrenmitglied der Freiwilligen Feuerwehr, [der er auch den Spritzenwagen Marke Mercedes schenkte [Anmerkung C.O.]], kümmerte sich Rudolf Mosse um die Belange der Gemeinde«[16]. Zeugnis davon gibt die reich bestickte Fahne des Männergesangsvereins Concordia, die zu dessen 50-jährigem Bestehen durch Emilie Mosse gestiftet wurde;[17] ebenso boten sie dem Verein die Möglichkeit, in den Räumen des Schlosses zu proben.[18] Neben vielen weiteren ortsgebundenen Stiftungen und Spenden wurde auch der örtliche Radfahrverein Schwalbe von den Mosses unterstützt[19] und 1914 stellten sie einen für den Bau eines Bürgersteigs nötigen Landstreifen unentgeltlich zur Verfügung.[20]

Rudolf Mosse fühlte sich bis zu seinem Tod in Schenkendorf sehr wohl und gab die Verpflichtung für die Gemeinde und die Förderung örtlicher Vereine an seine Nachfahren weiter, die diesem Erbe bis zu ihrer Flucht gerecht wurden.

1920 verstarb Rudolf Mosse überraschend und unbemerkt – auf der Rückfahrt von einer Jagd in seiner Kutsche. An seinen Tod erinnerte fast 50 Jahre lang an einer Weggabelung im heutigen Mosse-Wald ein Stein[21] mit der Inschrift: »Hier starb am 8. September 1920 Dr. Rudolf Mosse, geb. am 8. Mai 1843«[22]. Viele dachten deswegen, er sei dort begraben, doch seine letzte Ruhestätte fand er in der Familiengrabstätte auf dem jüdischen Friedhof in Weißensee.[23]

Die Grenzziehung durch den Krummen See

Zum Rittergut gehörte neben dem Vorwerk der Krumme See im fast gleichnamigen Nachbarort Krummensee. Als kurz vor Ende des 19. Jahrhunderts, bei dem Versuch die Grube doch erhalten zu können, Wasser aus den Schächten gepumpt werden musste, sank neben dem Grundwasserspiegel auch der Wasserspiegel des Sees.

Nach altem Bodenrecht reichten die Grundstücke der angrenzenden Bauerngüter an diesen, d. h. es gab keine feststehenden Grenzen und mit Absinken des Wasserspiegels verkleinerte sich die Besitzfläche des Seebesitzers, während die seeangrenzenden Grundstücke sich vergrößerten.

Deshalb befürchtete Mosse, durch das Verschwinden der Wasserfläche einen Teil seiner umfangreichen Besitzungen zu verlieren. 1900 betraute er seinen Förster mit der Aufgabe, die Grenze zwischen seinen und den bäuerlichen Besitzungen durch das Setzen von Grenzpfählen dort festzustellen, wo das Wasser vor Absinken eine Scheide gezogen hatte. Aber er unterschätzte das Rechtsempfinden der betroffenen Bauern, die sich gegen die unlautere Grenzziehung zur Wehr setzten; nach diversen gescheiterten Baumaßnahmen und Verhandlungsversuchen musste Mosse sich zu einer ordentlichen Verhandlung bemühen. In dieser wurde in gegenseitigem Einvernehmen, laut Rezess[24] vom 17. April, die Notwendigkeit zuerkannt, aus der beweglichen Seegrenze eine feststehende zu konstituieren, um jedes Eigentum unangreifbar feststellen zu können. Letztlich einigte man sich auf eine mittlere Linie zwischen dem ursprünglichen und dem neuen Wasserstand. Bevor er im Grundbuch vermerkt wurde, sahen sich die Grubenbetreiber genötigt, den Betrieb einzustellen. Ohne dem eindringenden Wasser nunmehr etwas entgegenzusetzen füllte sich die Grube, der Grundwasserspiegel stieg und der Wasserstand des Sees erreichte seine ursprüngliche Höhe. Die gerichtlich anerkannte Grenze verlief nun unter Wasser und die grundbuchamtliche Eintragung der neu gewonnenen Parzellen erfolgte unter der Bezeichnung »Wasser aus Krummensee«.[25] Im Anschluss an die Restitution schenkte die Erbengemeinschaft der Gemeinde den See.

Das Gut während des Kapp-Putsches

»Zur Zeit des Kapp-Putsches[26] befand sich eine Abteilung der sog. ›Schwarzen Reichswehr‹ in der Funkerkaserne von Königs Wusterhausen. Ein Trupp bewaffneter Arbeiter sollte am 20. März 1920 im Auftrag des Arbeiter- und Soldatenrates, der seinen Sitz im Schenkendorfer Schloß hatte, nach Zerschlagung des Kapp-Putsches die Soldaten der Funkerkaserne entwaffnen. Der Verwalter des Schlosses hatte mitgehört und alarmierte den Stab der ›Schwarzen Reichswehr‹. Ein Trupp dieser Einheit ging am Nottekanal in Stellung und empfing den Arbeitertrupp mit Maschinengewehrfeuer, dabei fielen sechs Arbeiter.«[27] Im NBGS ist vermerkt, dass einer Schießerei zwischen Soldaten und Zivilisten drei Gemeindemitglieder zum Opfer fielen.

Zu Beginn der Ereignisse entwaffneten die Schenkendorfer Arbeiter den örtlichen Kriegerverein und schlossen sich dem Aufstand der Kappisten an. Entlang des Nottekanals wollten sie mit anderen Kampfbünden nach Königs Wusterhausen ziehen, um die Truppen der Baltikumer[28] vom Funkerberg zu vertreiben. »Doch inzwischen hatte die Reaktion des Dorfes nicht geschlafen. Landarbeiter, die durch ihr Dienstverhältnis zu dem Inspektor Langner, der den im Ausland weilenden Gutsherrn, den Zeitungsverleger Rudolf Mosse, ›würdig‹ in Schenkendorf vertrat, stark unter dem Einfluss dieses Inspektors standen, waren sofort in das Schloss gelaufen.«[29] Dort berichteten sie unter Verdrehung und Übertreibung von den Handlungen der bewaffneten Arbeiter. Dem Inspektor waren Bewaffnete unangenehm und er telefonierte mit Hauptmann Uhse, dem für die Truppen auf dem Funkerberg Verantwortlichen. Dabei behauptete er, der ›Rote Pöbel‹ würde rauben und plündern, so dass Uhse fast veranlasst hätte, das ›Rote Schenkendorf‹ vom Funkerberg aus mit Artilleriegeschützen zu beschießen. Daraufhin betonte Langner, dass auch ehrsame und gottesfürchtige Bürger ansässig seien, und bat, von dem Beschuss Abstand zu nehmen. Daraufhin änderte Uhse seinen Plan und versprach, Truppen in Marsch zu setzen.[30] Weil sich die Arbeiter in Richtung Funkerberg in Bewegung gesetzt hatten, kam es auf einem Feld nahe dem Gut zum Zusammenstoß.

Nachdem sich Soldaten aus dem Wald des Rittergutes der in Deckung liegenden Schützenkette der Gutsarbeiter näherten, fielen die ersten Schüsse.[31] Als die Angreifenden ihrerseits beschossen wurden, nahmen sie fünf Männer als lebende Schutzschilde; um das Leben ihrer Kameraden nicht zu gefährden, »stellten die Arbeiter das Feuer ein. […]. Munitionsmangel und die Erkenntnis der Übermacht der Kapp-Söldner [sic!] […] zwangen am späten Nachmittag […] die Arbeiter zum völligen Abbruch des Kampfes. Zum Teil kopflos geworden, warfen sie ihre Waffen in den Tagebausee und zerstreuten sich.«[32]

So endete an diesem 20. März der bewaffnete Widerstand der Gutsarbeiter und Arbeiter umliegender Dörfer gegen die Soldateska, die sich im Anschluss im Gut einquartierte. Am nächsten Tag begann in Schenkendorf der konterrevolutionäre Terror, da der leitende Offizier der in der Villa einquartierten Baltikumer in den Vormittagsstunden das Standrecht verhängte. Mittags zogen die Soldaten von Haus zu Haus und brachten als Spitzel diffamierte Arbeiter auf das Anwesen, wo sie sich an der Außenseite der Gutshofmauer aufstellen mussten. Zum Äußersten kam es jedoch nicht, da ein schwer Kriegsverwundeter sich vor das feuerbereite Maschinengewehr der Soldaten stellte und um das Leben der vermeintlichen Späher bat. Nach langen Verhandlungen mit Bürgermeister Speckenbach gaben die Soldaten ihr Vorhaben der standrechtlichen Erschießung auf und brachten stattdessen drei, durch örtliche Denunzianten als konsequenteste und aktivste Kämpfer diffamiert, auf den Funkerberg um diese als Exempel einzukerkern.[33] Auch wenn der Rest der Männer gehen durfte, blieben die Baltikumer bis Ende März auf dem Gutshof und das Standrecht behielt Gültigkeit.

Die Gefangenen auf dem Funkerberg wurden zum Tode verurteilt. Doch die anderen Arbeiter hatten bereits am 21. März beschlossen, solange nicht zu arbeiten, bis alle Gefangenen wieder freigelassen würden. Auch der zurückgekehrten Weimarer Regierung lag viel daran, den dadurch in den nahe gelegenen Lokomotiv-Werken[34] andauernden Generalstreik abzuwenden; deswegen bewirkten sie bei den reaktionären Offizieren die Freilassung der Arbeiter. Nach ihrer Rückkehr zeigten große Teile der Bevölkerung offen ihre Sympathie für die Kämpfer des 20. März. Auch die Beisetzung der Arbeiter, die während der Besatzung des Gutes und des geltenden Standrechts gefallen waren, wurde zur machtvollen Demonstration gegenüber den Putschisten.

Der »Kampf in Schenkendorf fügte […] sich als kleiner, aber wichtiger Beitrag […] mit in das große Kampfgeschehen der Arbeiter gegen die Reaktion um die Errungenschaften der Novemberrevolution von 1918«[35] und dient der Veranschaulichung regionalhistorischer Gegebenheiten.

1920 – Die Lachmann-Mosses auf Schenkendorf

Nach dem Tod Rudolf Mosses wurde das Rittergut von seinen Nachfahren vor allem im Sommerurlaub bewohnt[1] und der Enkel verbrachte bis 1933 den Großteil seiner Kindheit in Schenkendorf. Auf seinen Erinnerungen beruhen viele situative Impulse über die Zeit der Lachmann-Mosses auf dem Rittergut.[2]

So wies er u. a. darauf hin, dass »eine gewisse Reghettoisierung stattfand, wenn sie auch alles andere als vollständig war. Sogar in Schenkendorf waren [sie] von Landgütern umgeben, die Bekannten […] gehörten, meistens Bankiers oder Industrielle. Die meisten dieser […] Anwesen überlebten sogar noch den Zweiten Weltkrieg.«[3] Und im Gegensatz zu vielen anderen Rittergütern, die in den 1960er-Jahren für den Bau von großstädtischen Wohnsiedlungen abgerissen wurden, steht Schenkendorf noch heute als Teil einer dahingegangenen Welt.

Die Erinnerungen von George betreffen in der Hauptsache Lebensstil und Lebensphilosophie, die sich unmittelbar auf alles auswirkten. Er resümiert, dass er die Wirklichkeit wie von einem Logenplatz aus wahrgenommen habe. Eine Perspektive, bei der das reale Leben durch den Filter des opulenten Lebensstils weitgehend ausgeblendet wurde.[4] Denn »der kleine Gerhard, dessen Name noch heute auf [sic!] der Glocke der Schenkendorfer Kirche prangt, die sein Vater […] im Jahr 1928 als Ersatz für die im Ersten Weltkrieg eingeschmolzene Glocke gestiftet hatte, wuchs in einem exponierten, aber zugleich großbürgerlich abgeschirmten Milieu auf«[5].

Er hatte schon als kleiner Junge ein eigenes Wohn- sowie Schlafzimmer; sowohl in Berlin als auch »gleich außerhalb der Stadt«[6] auf dem Landsitz des Großvaters, in dem er »im flachen Umland Berlins mit seinen Birkenhainen und seinem sandigen Boden«[7] die meiste Zeit verbrachte. Eine weitere Attraktion für ihn war ein kleines, rotes, batteriebetriebenes Auto, das der ortsansässige Chauffeur Barth-

George Mosse-Lachmann mit einer Bekannten seiner Eltern in dem für ihn gefertigten Batterieauto. Im Hintergrund die Marmornen Windspiele, 1926.

mann ihm zu seinem 7. oder 8. Geburtstag gebaut hatte. Mit diesem fuhr George Fahrgäste aus dem Kreis der Familie oder Besucher stolz im Park umher.[8]

Wie der Chauffeur stammten viele Angestellte aus Schenkendorf, darunter das Ehepaar Kunath, an das Felicia nach ihrer Flucht 1933 einen Brief hinterließ, in dem sie sich für Dienst und Treue bedankte. Auch die Gärtner Zöllner und Aßmann waren aus dem Ort.[9] Das Gut »bot [...] den Dorfbewohnern Arbeit im Park und in der Landwirtschaft«[10], und für George waren, obwohl Eltern und Geschwister immer präsent, die Dienstboten und einige Angestellte die wichtigsten Bezugspersonen. Er berichtet in seinen Memoiren, dass sie in seiner Kindheit das Bindeglied zwischen ihm und seinen Eltern bildeten. »Am wichtigsten waren in dieser Hinsicht die Köchinnen in Berlin und Schenkendorf, die persönliche Bedienstete [der] Mutter, der Butler in Schenkendorf sowie der Chauffeur.«[11] Einer der Gründe, warum er sich selbst als Enfant Terrible bezeichnete: in der Kindheit einsam und nur von Erwachsenen umgeben.

Das Ehepaar Kunath, Aufnahmedatum unbekannt.

Diesbezüglich gibt es gleichwohl widersprüchliche Aussagen. So berichtet er einerseits, dass, als er für reif genug gehalten wurde, mit Altersgenossen zu spielen, »Knaben aus Schenkendorf [...] ins Haus beordert«[12] wurden, andererseits, dass er sich nicht erinnern könne, »mit Kindern aus dem Dorf in Berührung gekommen zu sein, obwohl [ihm] später berichtet wurde, einige von ihnen seien hin und wieder [...] eingeladen [...] worden, damit [er] Spielkameraden hatte.

An [seinem] Geburtstag spielte [ihm] die Dorfkapelle jedes Mal ein Ständchen vor der großen Terrasse, eine Geste der Ehrerbietung, die [er] einmal mehr als selbstverständlich ansah.«[13] Dass einem kleinen Jungen ein ganzes Dorf Verehrung entgegenbrachte,war freilich den örtlichen Verdiensten von Vater und Großvater zu verdanken. Neben der Stiftung der Glocken ist die Finanzierung des Baus der Straße von Schenkendorf nach Krummensee ein Vermächtnis der Familie; dort hatte zuvor nur der sogenannte Wirtschaftsweg existiert.[14] Gleiches gilt für die Hilfe für das Spritzenhaus der Freiwilligen Feuerwehr, dessen Bau Hans Lachmann-Mosse 1924 mit 3.000 RM unterstützte und dafür schriftlichen Dank des

Arbeiter in der Schlossgärtnerei; in der Mitte Günter Zöllner, Aufnahmedatum unbekannt.

Gemeindevorstehers erhielt. Im März des folgenden Jahres wurde durch Oberamtmann Güterverwaltung Schenkendorf (GVS) Felgentreu die Freiwillige Feuerwehr ausgerufen, der Bau des Spritzenhauses verzögerte sich jedoch. Am 25. August 1925 wurde notiert, dass die Realisierung erst nach Vorlage der Baugelder durch Lachmann-Mosse erfolgen könne. Knapp zwei Monate später hieß es, dass die Gemeinde keine Mittel für den Bau habe und das Geld in Höhe von nunmehr 5.000 RM dringend erforderlich sei. Drei Tage später erging der Baugeldantrag; für die Bewilligung wurde das Gut von der Pflicht, die Feuerspritze Fahren und Bedienen zu müssen, entbunden. Auch sollte Hans die bisher entstandenen Kosten für Kataster und Gericht übernehmen, wofür er eine Sicherheitshypothek auf das der Gemeinde gehörende Schöffen- und Schulzenland verlangte. Nachdem alle Angelegenheiten geklärt waren, konnte am 6. Juni 1926 das Spritzenhaus eingeweiht werden.[15]

Schon vier Monate später wurde verzeichnet, dass »dringend bei Lachmann-Mosses vorstellig zu werden sei, wegen der Hergabe des Geländes«[16] zur Errichtung eines Sportplatzes. Dies betraf nicht nur die

Arbeiter des Rittergutes im Schlosspark; der dritte von links ist Paul Aßmann, Aufnahmedatum unbekannt.

Lachmann-Mosses und deswegen ist heute nicht nachvollziehbar, wie sich die Aufteilung zusammensetzte. Derzeit heißt es, dass es sich beim Gelände des Sportplatzes ausschließlich um Kirchenland handelt.[17]

Das Ansehen der Lachmann-Mosses stieg weiter, als 1926/27 umfassende Umbauarbeiten an Park und Schloss vorgenommen wurden, denn dabei fanden Erwerbslose der Gemeinde Anstellung.[18] Während der Restaurierung wurden u. a. der Teich entschlammt, der Park neu gestaltet und ringsum die das Anwesen umfassende Mauer Tannen in Doppelreihe gepflanzt.[19] Im Zuge der Umbau-Planung hatte Hans Lachmann-Mosse die Schenkendorfer Gastwirtschaft »Zum Lindengarten« mit dazugehörigen Stallungen und Katen von Gastwirt Möricke gekauft und abreißen lassen. Über den Abriss des Gasthofes war am 16. Februar 1927 bei einer Gemeinderatssitzung diskutiert und mit 7:2 Stimmen positiv entschieden worden, da keine Wohnungen betroffen waren.[20] Die gewonnene Fläche wurde dem Park zugeschlagen und die Feldsteinmauer erweitert und geschlossen; der Teil ist bis heute anhand des differierenden Betonunterbaus zu erkennen.

Dahinter war ein eigener Freizeitpark geplant, durch den auch der Kontakt zum Ort intensiviert werden sollte. Die Anwohner hätten die Möglichkeit erhalten, sich wie die Familie, deren Angehörige und Besuch dort aufzuhalten.[21] Auch wenn die Lachmann-Mosses per Gesetz vom 27. Dezember 1927 die gutsherrschaftlichen Sonderrechte verloren, endete damit nicht ihr Engagement für die Gemeinde. Die letzte bekannte Aktivität sind Verhandlungen mit dem Gemeindevorsteher über die Errichtung eines Wohnhauses wegen der 1928 herrschenden Wohnungsknappheit. Dieses Vorhaben wurde auf Grund der Flucht der Familie nie realisiert.[22]

Die Wohltätigkeit Hans Lachmann-Mosses beschränkte sich nicht auf Schenkendorf. Er finanzierte z. B. die Fräcke der Berliner Philharmoniker, zu deren größten Förderern er gehörte, und schenkte dem Geiger Bronisław Huberman[23] sein erstes Instrument.[24] Des Weiteren machte er sich, wie bereits Rudolf, um die Berliner Jüdische Reformgemeinde verdient. Hier vereinte er seine Liebe zur Musik mit dem Engagement für die Gemeinde und finanzierte zwischen 1928 und 1930 die neue Liturgie. Die von ihm und Hermann Schildberger[25] entwickelte liturgische Musik wurde von vielen Reformgemeinden Deutschlands übernommen und gehört zu seinen dauerhaftesten Hinterlassenschaften. In den 1970er-Jahren wurde sie von einer deutschen Plattenfirma erneut veröffentlicht, 1990 kam sie in Israel in den Handel.[26] Beispiel für seine kulturellen Neigungen, denen er in Schenkendorf und dem Stadthaus mit viel Prominenz nachging, waren die sogenannten Lachabende, die in den Krisenjahren im größten Theater Berlins stattfanden. Eine der Hauptattraktionen war Claire Waldoff.[27] Außerdem ließ er während der Weltwirtschaftskrise Suppenküchen für die verarmte Bevölkerung einrichten.[28]

Die Auflösung der Gutsbezirke

Gutsbezirke entstanden im Allgemeinen durch geschichtliche Entwicklung und nicht auf Grundlage eines Gesetzes. Als selbstständige Güter galten nur diejenigen, denen vor Aufhebung der Erbuntertänigkeit[29] das Recht zustand, Untertanen zu halten. Gutsherrschaften standen von Anfang an außerhalb der Gemeinde.[30] Vor Erlass des Gesetzes über die Regelung verschiedener Punkte des Gemeindeverfassungsrechts

(GemRPRegG SH) am 27. Dezember 1927 bestanden im Kreis Teltow 52 Gutsbezirke – von diesen waren 20, wie auch die Gutsherrschaft Schenkendorf, privat. Mit Auflösung der Gutsbezirke fiel die letzte Sonderstellung, die Gutsbesitzer zuvor besessen hatten, da mit der Eingliederung alle Pflichten und Leistungen, »die in dem bisherigen Gutsbezirksteil gemäss [sic!] § 122 ff der Landgemeindeordnung dem Besitzer des Gutes oblagen, auf die Gemeinde [übergingen]«[31].

Das Rittergut Schenkendorf bildete mit dem Vorwerk Marienhof einen eigenen Gutsbezirk, in dem alle kommunalen Belange durch den Gutsbesitzer wahrgenommen wurden. Dadurch ergaben sich Schwierigkeiten, da Angestellte und Arbeiter des Gutes nicht der jeweiligen Dorfgemeinschaft, sondern dem Gutsbezirk angehörten. Die Verpflichtungen betrafen die Beschulung der Kinder, die Unterhaltung von Gräben und Wegen, die Einhaltung des Feuerschutzes etc. Per GemRPRegG SH wurde die allgemeine Aufhebung der Gutsbezirke angeordnet und der Gutsbezirk Schenkendorf mit einer Fläche von 588 Hektar und 155 Einwohnern aufgelöst[32] und teilweise mit der Landgemeinde Schenkendorf sowie der Gemeinde Krummensee vereinigt.[33] Aus diesem Grund wurden zwischen dem Krummenseer Gemeindevorsteher Merten und Oberamtmann Felgentreu »als bevollmächtigtem Vertreter des Gutsherrn«[34] folgende Vereinbarungen getroffen: Unter Punkt A, die »Auseinandersetzung im engeren Sinne«[35], dass alle öffentlichen Einnahmen und Ausgaben im ehemaligen Gutsbezirk bis 30. September 1928 vom Gutsbesitzer und ab 1. Oktober von der Gemeinde getragen werden. Punkt B beinhaltete die »Ausgleichung der Interessen«[36]. Dieser listete gemäß A anfallende Kosten auf und notierte, dass kein Interessenausgleich stattfinden würde, da die Einverleibung des Gutsbezirks nicht zur Entlastung der Gemeinde führte.[37] Punkt C betraf die »Übereignung von Privateigentum des Gutsbesitzers auf die Gemeinde«[38]; u. a. den öffentlichen Weg von Krummensee nach Motzen, ausgenommen der Abzweig nach Marienhof. Hier wurden sich beide einig, dass der Weg in »gegenwärtiger Breite und Beschaffenheit in das Eigentum der Gemeinde [übergeht]«[39]. Des Weiteren wurde vereinbart, dass Pflanzung, Nutzung und Unterhaltung der Bäume an den Wegesrändern beim jeweiligen Anlieger verbleiben sollte. Daraufhin beantragte der Vertreter des Gutsbesitzers »die grundbuchliche [sic!] Eintragung dieses Nutzungsrechts als Grunddienstbarkeit für den jeweiligen Eigentümer«[40], was die Gemeinde bewilligte. Außerdem wurde festgelegt, dass die Gemeinde die Kosten für Vermessungen, grundbuchamtliche Übertragungen etc. tragen würde. Die Übereignung erfolgte schulden- und lastenfrei. Damit wurde »die Auseinandersetzung zwischen der Gemeinde Krummensee und dem Gutsherrn des ehemaligen selbstständigen Gutsbezirks Schenkendorf b. Königswusterhausen [sic!] aus Anlass der Eingliederung eines Teils dieses Gutsbezirkes in die Gemeinde Krummensee festgesetzt«[41].

Im »Teltower Kreisblatt« vom 7. Oktober 1928 wurde bekanntgegeben, dass das Vorwerk Marienhof mit Krummensee vereinigt wurde. Am 9. Dezember erfolgte die Umgemeindung der Parzellen. Ausnahme blieb der Krumme See, da die Besitzerin Felicia Lachmann-Mosse Einwohnerin von Schenkendorf war.[42]

Die Stiftung der Bronzeglocken

Im gleichen Jahr, in dem die Umgemeindung der Krummenseer Parzellen erfolgte, tätigte Hans Lachmann-Mosse seine nachhaltigste Stiftung in Schenkendorf: die Schenkung der beiden bronzenen Glocken für die örtliche Kirche.

Das heute evangelische Schenkendorf wurde 1812 der Pfarrei Wusterhausen zugeordnet[43] – einer der wenigen belegten Fakten, da bis zur Reformation nichts über das hiesige kirchliche Leben bekannt ist. Vermutet wird, dass Schenkendorf früher katholisch war. Unterstützt wird diese These durch den Umstand, dass die Kirche zwei Altäre hat, zumal der sogenannte Marienaltar der Makulatur zufolge dem Katholizismus zugeordnet wird.

Knapp 200 Jahre vor Lachmann-Mosse bemühte sich das erste Mal ein jüdischer Inhaber der Schenkendorfer Besitzungen um die Kirche.1866, als Kommerzienrat Flatau das Gut für 108.000 Taler erwarb,[44] schenkte er dieser eine Turmuhr, da die alte irreparabel beschädigt war.

Bereits »1867 [...] [wollte] Flatau, ein Jude, der Kirche einen wertvollen Abendmahlskelch [schenken], dessen Annahme Superintendent Krätschel höflich aber bestimmt [ablehnte]. Er [empfahl] Frau Flatau, stattdessen dem Rettungshaus für verwahrloste Knaben in Hermsdorf eine Spende zukommen zu lassen.

Pfarramt Schenkendorf, Glockenturm im Hintergrund, Aufnahmedatum unbekannt.

Noch einmal [wollte] der jüdische Gutsbesitzer sich der christlichen Kirche Schenkendorf dienstbar machen. Das alte Harmonium des Gotteshauses [war] sehr schadhaft. Es [wurde] am 25. 6. 1869 die Anschaffung einer neuen Orgel beantragt. Die Regierung [konnte] jedoch einen Beitrag nicht bewilligen, da [erbot] sich Flatau, durch die erste Ablehnung gewitzt, eine gute Orgel billig zu besorgen. Sie [fand] zum Preise von 432,- Rth. in der Kirche Aufstellung.«[45]

Diese Fürsorge für die Schenkendorfer Kirche setzte Rudolf Mosse fort. »Eine einheitliche Restaurierung der gesamten Kirche inklusive dem Einbau einer neuen Decke erfolgte 1910.«[46] Des Weiteren wurden die schießschartenartigen Fenster der ehemaligen Wehrkirche durch größere ersetzt, das Dach erneuert und ein neuer Kirchturm aufgesetzt.[47]

Und auch Rudolfs Nachfahren engagierten sich für das Schenkendorfer Gotteshaus.1928 wurden zwei bronzene Kirchenglocken gestiftet, in die angeblich die Namen der 1912 bzw. 1918 geborenen Kinder Hilde und Gerhard[48] eingraviert sind,[49] was George bestätigt: »Was die Schenkendorfer Kirchenglocken angeht, so hat man meinen Namen und den meiner Schwester eingraviert. Meine läutet noch heute, die meiner Schwester wurde im Krieg eingeschmolzen.«[50] Wie bereits der

Eine der Schenkendorfer Glocken, wahrscheinlich 1928.

Erste forderte auch der Zweite Weltkrieg seinen Tribut nicht nur an Menschenleben, sondern auch an Kulturgütern. So wurden die Glocken wie viele im ganzen Land für die Kriegs- und Waffenproduktion freigegeben und nur Gegenstände von erheblichem Kunst- oder Altertumswert zurückgehalten.[51]

Entgegen Georges Erinnerung findet sich sein Name nicht auf der Glocke.[52] Aber sie hängt »noch heute im backsteinernen Turm des Gotteshauses und erinnert daran, daß zum Namen Mosse immer ein Stück Schenkendorf und zu Schenkendorf stets auch der Name Mosse gehört«[53]. Diesbezüglich bekennt George, dass »seine« »Glocke […] der einzig konkrete Gegenstand [ist], der [ihn] […] mit Schenkendorf verbindet, denn sie ist nach wie vor im Anwesen und im ganzen Dorf zu hören«[54]. Und sie war auch in der Zeit des Nationalsozialismus, als die Familie aufgrund ihrer Glaubenszugehörigkeit unrechtmäßig ihren Besitz verlor,[55] weithin zu vernehmen.

1933 – Das Gut nach der Flucht

Die Nürnberger Gesetze verschärften die Lage deutscher Staatsbürger jüdischen Glaubens dramatisch. In konsequenter Verwirklichung der Rassenlehre wurden die Rechte des Einzelnen von seiner staatlich festgestellten Rasse abhängig gemacht. Es wurde nun zwischen Reichsbürgern mit politischen Rechten und bloßen Staatsangehörigenunterschieden. Juden konnten nur Staatsangehörige sein, was den Verlust der zuvor erkämpften Emanzipation bedeutete.[1]

Auch wenn Familie Lachmann-Mosse zu dieser Zeit bereits im Exil war, war auch sie von dieser Politik betroffen. Den Nürnberger Gesetzen folgte eine Unzahl behördlicher Maßnahmen, die die Vollendung der jüdischen Enteignung zum Ziel hatten. Die Verordnung über den Einsatz des jüdischen Vermögens vom 3. Dezember 1938 war besonders einschneidend. Sie war Grundlage für die Arisierung jüdischen Gesamtbesitzes und schrieb die Zwangsarisierung noch bestehender Betriebe vor.[2] Durch § 6 der Verordnung über den Einsatz von jüdischem Vermögen, Reichsgesetzblatt (RGBl) I, wurde der Erwerb von jüdischen Grundstücken unter Lebenden verboten; zur Veräußerung konnte gemäß § 2 RGBlI ein Treuhänder eingesetzt werden.[3] Doch bereits bevor 1938 diese gesetzliche Grundlage geschaffen war, enteigneten die Nationalsozialisten jüdisches Eigentum – egal, ob es sich um Inventar, Immobilien oder Firmen handelte. So sah sich die Familie Lachmann-Mosse nach dem 30. Januar 1933 nicht nur ihrer Zeitung und des Verlags, sondern auch ihres Bankkontos, der Stadtwohnung, der Gemäldesammlung, des Schenkendorfer Schlosses und weiterer Besitzungen beraubt.[4] Sie flohen noch in der Nacht der Machtergreifung in die Schweiz.

Nach ihrer Flucht wurde Schenkendorf von Max Kunath und seiner Frau, auf dem Gut Kastellan und Köchin, verwaltet. 1935 erwarb es der Landwirt Otto Burchardt per Zwangsversteigerung für 500.000 RM; er erhielt den Zuschlag wahrscheinlich, weil er Parteimitglied der NSDAP und als »Alter Kämpfer« bekannt war. Burchardt war bis 1945 Inhaber des Gutes; seit der Kesselschlacht von Halbe gilt er als verschollen.[5] In dieser Zeit bewohnte er mit seiner Frau und den drei Kindern jedoch nicht das Schloss, sondern das alte Gutshaus. In diesem sind bis heute die Initialen Rudolf Mosses wie hölzerne Tätowierungen in die Türen eingelassen.[6]

Bereits während des Zweiten Weltkrieges waren verschiedene Institutionen auf dem Gut untergebracht. Vom 5. Januar bis 25. März 1943 fand dort ein Lehrgang für Gutssekretärinnen statt. Danach nahm ein Teil des Nachrichtenverbandes der Wehrmacht das Schloss in Besitz, wahrscheinlich wegen der Nähe zum Rundfunksender in Königs Wusterhausen, der kriegsbedingt ab 1943 die Auslandspropaganda übernahm, und dem Weltrundfunksender in Zeesen. So bewohnten bis Ende des »Dritten Reiches« neben dem Auslandsdirektor des Großdeutschen Rundfunks Anton Winkelnkemper[7] auch Angestellte des Zeesener Senders das Anwesen.[8] Die Fremdnutzung des Grundstücks sollte noch Jahrzehnte fortdauern, ohne dass darauf Einfluss genommen werden konnte.

Auf den Unglauben folgt die Vertreibung

Bereits im April 1932 schrieb Hans Lachmann-Mosse an seine Tochter Hilde, sie lebten in einer furchtbaren Zeit und der Nationalsozialismus sei nicht mit Mitteln von Vernunft und Logik zu bekämpfen.

Diese rational anmutende Einsicht war gleichwohl nur ein Ausdruck momentaner Verzweiflung und konnte weder seine Weltsicht noch die damit verbundenen Ideale der Aufklärung erschüttern. Bekanntlich »wichtig war der Generation […] die Kultur. Es [war] eine deutsch-jüdische Sache, daß Politik nur nebensächlich war. Deshalb [verstanden] diese Leute Massenbewegungen nicht […]. Man sagte, Hitler ist nicht kultiviert, so ein Mann kann nie Kanzler in Goethes und Beethovens Deutschland werden.«[9] Eine typische Haltung für die meisten deutschen Juden dieses Standes, denn »sie gaben sich gemeinsam Illusionen hin, die am besten geeignet waren, sie in ihrer Hoffnung zu bestärken, als wirklich vollwertige Mitglieder der deutschen Gesellschaft akzeptiert zu werden«[10]. So die Einschätzung Georges, der seinen Vater öfter sagen hörte, »Hitler gehöre nicht auf die Titelseite der Zeitung, sondern in den ›Ulk‹«[11]. Wie vielen Liberalen dieser Generation fiel es auch Hans Lachmann-Mosse schwer, die Nationalsozialisten ernst zu nehmen. Denn »sie, welche in ihrer breiten Mehrheit nach sozialer Stellung und Mentalität dem Bürgertum zuzurechnen waren, teilten die Illusionen und Fehleinschätzungen [...]: ›Es erschien den meisten undenkbar, sich gegen einen Staat zu wenden, den man zwar mit Mängeln behaftet und in der Hand von brutalen Machtmenschen wußte, aber immer noch als den eigenen ansah. Es lag außerhalb des Vorstellungsvermögens, den Staat als Werkzeug des Verbrechens und der Vernichtung zu betrachten.‹ [...] Dieser Mangel an Wirklichkeitssinn im politischen Bereich war ausgesprochen typisch für das jüdische Bürgertum.«[12] Auch die antijüdische Feindseligkeit wurde von der Mehrheit des jüdischen Bürgertums nicht adäquat eingeschätzt. So lud Hans Lachmann-Mosse direkt nach dem Ersten Weltkrieg Yvette Gilbert[13] nach Berlin ein, die französische Chansons als Versöhnungsgeste darbot.

Die Fixierung auf Frankreich zeigt den mangelhaften Wirklichkeitssinn jener, die hofften, die Niederlage werde schnell vergessen und die aus dem Krieg gelernten Lektionen würden zur Wiederherstellung von Vernunft und Aufklärung führen. Sie schlossen sich Männern wie Heinrich Mann an, die noch 1918 die Überzeugung vertraten, dass Intelligenz auf der einen und das Volk auf der anderen Seite eine Republik der Vernunft aufbauen würden.[14] Ursache war, dass im wilhelminischen Reich die Isolation der Juden eher latent denn real empfunden wurde. Die meisten führten ein angenehmes Leben als Mitglieder des deutschen Bürgertums. Mit Gründung der Weimarer Republik endete scheinbar alle Diskriminierung: Die Emanzipation der Juden schien vollzogen und sie nahmen herausragende Rollen in Kultur, Kunst und Wissenschaft ein.[15]

Mit Blick auf den krisenhaften Umbruch in den 1870er-Jahren wird klar, dass eine erneute Judenfrage keine Emanzipationsfrage der veränderten bürgerlichen Gesellschaft mehr gewesen wäre. Statt des Drucks bürgerlich-liberaler Postulate herrschte ein Klima sozialer Aggression. Dies äußerte sich in der Suche nach »Sündenböcken«[16] und der Tendenz zu Ausnahmegesetzen. Diese Ambivalenz konnte vor allem für traditionell vorurteilsbesetzte und noch nicht vollständig integrierte Minderheiten gefährlich werden. In dieser Situation entstand der neue

Antisemitismus, »der die Krise der bürgerlichen Gesellschaft durch das Wirken der Juden zu erklären und durch die Rücknahme ihrer Emanzipation zu beheben versuchte«[17]. Sie war entwertet, bevor sie widerrufen werden konnte.[18] Dies spiegelt sich in Publikationen und Artikeln, die der Machtergreifung der Nationalsozialisten vorangehend in aller Deutlichkeit ansprachen, was Jahre später inhumane Wirklichkeit wurde.[19]

Auch Hans Lachmann-Mosse glaubte fest an die Rechtsstaatlichkeit und empfand es als Schwächung der Weimarer Republik, hätte er aus Gründen persönlicher Absicherung vorsorglich Devisen ins Ausland überwiesen. Er vertraute auf Reichskanzler von Hindenburg, der ihm persönlich vor der Machtübernahme versichert hatte, »daß er auch unter der Kanzlerschaft Hitlers die schützende Hand über ihn und seine Familie halten werde«[20]. Deswegen gab es »für sie kein entweder-oder; entweder deutsch oder jüdisch. Diese Dichotomie ist allzu oft unter dem Eindruck dessen, was später geschah, auf die Geschichte zurückprojiziert worden. Jüdische Identität war nicht bloß Sache der Religion; es war in erster Linie eine Frage der Familienehre und ließ sich keinesfalls davon trennen. Als [George] später fragte, weshalb [sie] angesichts eines zunehmenden Antisemitismus jüdisch bleiben sollten, erklärte [sein] Vater, das seien [sie ihrer] Familientradition schuldig, zu der [sie sich] bekennen müssen.«[21] Religion war mehr eine Frage des Lebensstils als des Glaubens.[22]

Assoziativ dazu stand »die Tragik [dieser] Generation gebildeter und liberaler Juden«[23], die sich vehement weigerte, ihre jüdische Herkunft zu verleugnen. Mochten sie noch so areligiös sein, empfanden sie Konversion doch als Geschmacklosigkeit.[24] So sah sich die Familie, wie viele andere liberal Gesinnte, »als Deutsche und Juden und darin keinen Widerspruch. Nicht mal die Idee eines Widerspruchs kam auf, jedenfalls nicht bis zu den Nazis, bis etwa 1930. [Sie] waren doch assimiliert«.[25] Doch konnte sie auch der Glaube an Rechtsstaatlichkeit und Deutschland nicht vor Flucht und Exil bewahren.

Die Familie wählt die Emigration

Was wenige der deutschen Juden erkannten und erst recht schwer akzeptieren konnten, war, dass, je mehr sie sich den nicht-jüdischen Deutschen anglichen bzw. anzugleichen suchten, umso intensiver wurden sie als Bedrohung empfunden. Die Ironie erreichte ihren Höhepunkt, als die, die aufkommender Feindseligkeit durch Assimilation entgehen wollten, noch mehr angegriffen wurden.[26]

In diese Richtung zielten auch die Worte Leo Baecks[27] aus dem Jahr 1945, dass »für [...] Juden aus Deutschland [...] eine Geschichtsepoche zu Ende gegangen [ist]. Eine solche geht zu Ende, wann immer eine Hoffnung, ein Glaube, eine Zuversicht endgültig zu Grabe getragen werden muß. [...] Glaube war es, daß deutscher und jüdischer Geist auf deutschem Boden sich treffen und durch ihre Vermählung zum Segen werden können. Dies war Illusion – die Epoche der Juden ist ein für alle Mal vorbei.«[28] Auch die Nachfahren der Familie Lachmann-Mosse kehrten nie längerfristig nach Deutschland zurück oder, wie George betont, verspürten keine Sentimentalitäten, wenn sie die gewesene Heimat besuchten.

Die Flucht aus Deutschland war erzwungene Migration und nach der Machtübernahme durch die Nationalsozialisten die Hauptreaktion der jüdischen Bevölkerung auf die Bedrohung. Die Auswanderung bedeutete soziale, wirtschaftliche und kulturelle Entwurzelung des Einzelnen.

War unter dem unerträglichen Druck die Entscheidung zur Auswanderung gefallen, begann der eigentliche Kampf um Einwanderungserlaubnis und Mitnahme von Geld und Sachwerten zur Sicherung der zumindest nächsten Zukunft. Es bedeutete die vollständige und fast immer endgültige Loslösung aus der deutschen Gesellschaft.[29] Darum hatte auch für George die Welt seiner Kindheit keinen Bestand mehr – alles, was sein Großvater aufgebaut hatte, schien für immer verloren.[30]

Vor der endgültigen Migration der Lachmann-Mosses war das Schlimmste, dass »die deutschen Zeitungen [seinen] Vater verteufelten, er mache unlautere Geschäfte, habe veruntreut. [...] Februar, März, April 1933, als diese Zeitungen rauskamen [...] mit all diesen Verleumdungen, das war schwer zu ertragen. Alles Schlechte, was es gab, wurde Vater angelastet.«[31] Selbst innerhalb der Familie führten die Diffamierungen und das verschleppte Ende des Verlags zu Spannungen. Die Geschwister warfen dem Vater vor, ihm habe Kampfesmut gefehlt und unternehmerisches Gespür, wodurch das Erbe Felicias unnötig verwirtschaftet wurde.[32]

15. 9. 33.

Herr & Frau [illegible] waren als Dienerehepaar vom 1. Januar 1925 bis heute bei mir. Frau [illegible] ist eine vollendete Chefköchin, sie kochte täglich glänzend & Diners wunderbar. Sie ist von grossem Fleiß, Sauberkeit, Ehrlichkeit, & grosser Liebenswürdigkeit, ihr Charakter ist glänzend. Schweren Herzens trenne ich mich von ihr, & ihrer Treue. – Herr [illegible] ist ein glänzender Diener & Hausverwalter, in jeder Beziehung gewandt, fleissig, [illegible] in der Arbeit. Er leitete Diners von 50 Personen, mit jeder

In Deutschland existierten starke Ressentiments gegenüber der jüdischen Bevölkerung: Sie sei das zersetzend Element und ewig Fremde in der germanischen Welt.[33] Und »für alle Juden, die in den ersten Jahren nicht unmittelbar von Terroraktionen betroffen waren, […] kündigte sich der ›Zeitbruch […] nach 1933 […] zwar in rechtlicher Diskriminierung [an], an Evidenz […] gewann er aber durch das Abbrechen menschlicher Beziehungen, durch die Erfahrung zerstörter Mitmenschlichkeit«[34]. Dies musste auch die Familie Lachmann-Mosse erleben, wie George bestätigt: »Für mich ist eine Nation so gut wie ihr Pass. Das haben wir in den dreißiger Jahren gelernt. Familie Mosse wurde doch sofort ausgebürgert.«[35]

Trotzdem bewahrte er sich den Glauben an Bildung und Humanität, »in dessen Mittelpunkt die Vernunft des Einzelnen gegen die verblendete, mit dogmatischen Gesichtspunkten manipulierte Masse steht«[36]. Nach der Machtergreifung sahen zahlreiche Juden ihre bürgerliche Existenz bedroht und »jüdische Unternehmer aus der Region [gemeint ist das heutige Land Brandenburg [Anmerkung C.O.]],

gleicher Freundlichkeit
Unermüdlichkeit. Sein
Charakter ist glänzend,
seine Treue vorbildlich.
Die Trennung von ihm
wird mir sehr schwer.
Meine besten Wünsche
begleiten dieses in
jeder Beziehung
vollendete Ehepaar

auf Ihrem weiteren
Lebenswege.
Licie Lachmann-Mosse.

Herrn + Frau Kunath.

Brief Felicia Lachmann-Mosses an das Ehepaar Kunath, 15. September 1933.

denen die finanziellen Mittel für eine Flucht zur Verfügung standen, verließen Deutschland mit ihren Familien bis Mitte der 1930er Jahre«[37]. Die Nachfahren Rudolf Mosses verloren über Nacht den Großteil ihres Vermögens und emigrierten über die Schweiz nach Paris.[38]

In diesem Zusammenhang ist eine Aussage Georges sehr interessant: »Mein Gott George, du mußt in deiner Kindheit und Jugend die Bediensteten unheimlich unterdrückt haben. Natürlich war genau das nicht wahr, denn die Bediensteten sahen sich als Teil der Familie und wurden in mancherlei Hinsicht auch so behandelt. Das war fast wie im 16. und 17. Jahrhundert. Was immer wir beispielsweise vor den Nazis aus Deutschland retten konnten, […] kam über unsere Bediensteten: Sie haben ihr Leben dafür eingesetzt. Das darf man nicht vergessen.«[39] In Schenkendorf gab es Bedienstete, u. a. die Köchin, den Butler, persönliche Hausmädchen seiner Mutter, mehrere Zimmermädchen und die Küchenmagd zu denen die Familie sehr persönliche Beziehungen pflegte, und die entgegen der gängigen Theorie der Klassengegensätze alles andere als feindselig waren. Diese fast familiären Beziehungsstrukturen lassen sich auch anhand des Abschiedsbriefes erahnen, den Felicia Ehepaar Kunath hinterließ. Denn »dass [...] ein Teil [des] Hausrats erhalten blieb, verdankten [die Lachmann-Mosses] ausschließlich der Initiative treuer Dienstboten, die buchstäblich unter den Augen der Polizei [...] Wertsachen in Sicherheit brachten, darunter Gobelins und einen Teil der Möbel«[40]. Wie hoch das ins Ausland gerettete bzw. dort erworbene Vermögen war, blieb immer Familiengeheimnis.[41]

Dass die Lachmann-Mosses nie nach Palästina gingen, lag an der liberal-progressiven Orientierung der Familie und ihrer Ablehnung von Zionismus und nationaljüdischem Gedankengut, die Markus Mosse ihnen mitgegeben hatte.[42]

Als Paul von Hindenburg am 30. Januar 1933 die Macht an Adolf Hitler übergab, setzten sich die Lachmann-Mosses sofort mit einigen Redakteuren und Kritikern des Verlags nach Zürich ab, wo sich die größte Filiale der Rudolf Mosse Annoncenexpedition befand; von dort weiter nach Paris. Sie hatten erkannt, dass sie in der Weimarer Republik zwar aufgrund des BTB eine einflussreiche Rolle gespielt hatten, aber trotz aller Assimilationsbemühungen als Juden Außenseiter geblieben waren.[43] Als die Familie sich 1933 aus dem Exil den Arisierungs-Bemühungen Görings widersetzte, wurde sie zwangsenteignet.

Die Zwangsenteignung gestalteten die Nationalsozialisten juristisch versierter als in vergleichbaren Fällen. Felicia und Hans Lachmann-Mosse wurden im Sommer 1933 genötigt, eine Stiftung zu gründen, »der das [...] angeschlagene Familienunternehmen alle Besitztümer übertrug. Noch vor Ablauf des Jahres 1933 mußte Mosses Tochter Felicitas [sic!] die Stiftung zum Konkurs anmelden. Für die Nazis war der Weg frei, daß Mosse-Vermögen aufzuteilen.«[44] George L. Mosse sagt, dass sein Vater mittels Waffengewalt gezwungen wurde, den Familienbesitz auf eine kontrollierte Stiftung zu übertragen: »[...] für die Nazis war es nur eine Sache der Tarnung, daß es eine Überschreibung und noch keine Enteignung war.«[45]

Im Exil sicherte die Familie ihr Auskommen durch die internationale Annoncenexpedition. Von dem weit verzweigten Netz an Filialen war letztlich nur die in Zürich geblieben, da die anderen nach der Besatzung durch die deutsche Wehrmacht zu funktionieren und letztlich zu existieren aufgehört hatten.[46]

Anfang 1938 war über die Hälfte der von Juden geleiteten Betriebe entweder liquidiert oder zwangsarisiert. Von ca. 50.000 1933 bestehenden jüdischen Geschäften hatten Mitte des Jahres 1938 noch ungefähr 20 Prozent jüdische Besitzer.[47]

So mussten auch die Lachmann-Mosses, ihres Eigentums beraubt, über die Schweiz und Frankreich in die USA gehen.[48] Selbst diese frühe Migration war nicht ungefährlich und ihr »Gefühl, entwurzelt zu sein, [...] tief genug«[49]. Außerdem mussten sie befürchten, dass ihre Staatenlosigkeit auch die Erwerbsmöglichkeiten erschweren würde – der Reisepass wurde zu einem (fast) lebensrettenden Dokument.

Felicia besaß einen sogenannten Nansen-Pass, ein Pass für staatenlose Flüchtlinge und Emigranten, der ursprünglich am 5. Juli 1922 als Reisedokument für nach dem Ersten Weltkrieg staatenlos gewordene russische Flüchtlinge eingeführt worden war. Ihre Tochter Hilde verfügte, auf Anregung der Schweiz, die eigentlich keine jüdischen Flüchtlinge einreisen lassen wollte, über einen Pass ohne das eingestempelte, gefürchtete »J«.[50] Hans, der im März 1933 direkt nach Paris geflohen war, um von dort die Internationale Annoncenexpedition in Zürich weiterzuführen, erhielt 1939 ein Einreisevisum für die USA. Mit diesem und in Verbindung mit einem vom nationalsozialistischen Konsulat London ausgestellten Reisepass konnte auch George im August 1939 kurz vor seinem 21. Geburtstag, unter dem Namen Gerhard Israel Mosse, in die USA einwandern.[51]

Das Schicksal der Familie Mosse/Lachmann-Mosse steht stellvertretend für das vieler großbürgerlicher deutsch-jüdischer Familien, die Deutschland aufgrund ihres Glaubens überstürzt verlassen mussten und im Exil irritiert, ja fast hilflos auf den Verlust ihrer Heimat reagierten.[52]

Das Verfahren der Zwangsversteigerung

Die Vertreibung brachte den Verlust von Besitztümern mit sich. Neben dem Verlag, Stiftungen und der Stadtvilla verlor die Familie auch die geschätzte Sommerresidenz in Schenkendorf – ein Zustand, der 60 Jahre währen sollte.[53]

Am 1. Februar 1935 wurde durch die Rudolf Mosse Treuhandverwaltung GmbH Antrag auf Anordnung der Zwangsversteigerung gestellt.[54] Dieser Antrag wurde vom AG Königs Wusterhausen kostenpflichtig abgewiesen und musste, für die mit einer Grundschuld von 100.000 RM nebst Zinsen belasteten Grundstücke, wiederholt werden. Hierbei wurde das Rittergut mit dem Vorwerk als wirtschaftliche Einheit veranlagt.[55] Für die weitere Verwertung des Vermögens gab es vergleichende Vorschläge seitens des Treuhänders. Es wurde festgelegt, dass die Lachmann-Mosses »ihr gesamtes innerhalb der Grenzen des Deutschen Reiches befindliches Vermögen dem Treuhänder der Gläubiger zum Zwecke der Befriedigung zur Verfügung stellen [mussten]«[56]. In Erfüllung dieser Verpflichtung musste Felicia Lachmann-Mosse Grundschulden bestellen, »darunter auch die hier mit Zwangsvollstreckungsklausel versehene Gesamtgrundschuld von 100.000 RM«[57]. Außerdem hatte sie als Schuldnerin jedes Recht eingebüßt, »den Bestimmungen der Treuhandverwaltung GmbH zu widersprechen, [sondern] sich vielmehr verpflichtet […], [sich den] Bestimmungen zu fügen.«[58] Deshalb verzichtete der Treuhänder auf die Geltendmachung des Rechtsgemäß der Verordnung vom 26. Mai 1933[59] und bat beim zuständigen Gericht um die Beschleunigung des Versteigerungstermins.[60]

So wurde durch die Rudolf Mosse Treuhandverwaltung GmbH, vertreten durch die Anwälte Gombart und Schimmelpfennig, Antrag auf Zwangsversteigerung gestellt. Zur Glaubhaftmachung des Wertes der zur Disposition stehenden Parzellenwurde eine Mitteilung des Finanzamtes Teltow an das AG übermittelt, aus der hervorging, dass der Einheitswert der Schenkendorfer Besitzungen 1931 638.700 RM betrug.[61] Da alle Bedenken zur Zwangsversteigerung ausgeräumt schienen, wurde darum gebeten »den Versteigerungstermin so bald wie möglich anzusetzen und sofort bekanntzugeben«[62]. Ungeachtet dessen erging vorerst folgende Verfügung: »Nach § 5 der Verordnungen über Maßnahmen auf dem Gebiete der Zwangsvollstreckung vom 25. Mai 1933 […] ist die Zwangsversteigerung eines Grundstücks auf die Dauer von längstens 6 Monaten einzustellen, wenn die Nichterfüllung der fälligen Verbindlichkeiten auf Umständen beruht, die in der wirtschaftlichen Gesamtentwicklung begründet sind und die abzuwenden der Schuldner nicht in der Lage war.«[63] Jedoch existiert ein Schriftstück vom

Katasterverwaltung
Vordruck V 14

Auszug aus der Gebäudesteuerrolle.

---

1. Dieser Auszug enthält den ~~teilweisen*)~~ in der Gebäudesteuerrolle unter der umstehend genannten Nummer nachgewiesenen neuesten Bestand.
2. Veränderungen im Wege der Fortschreibung haben bis heute nicht stattgefunden.*)
3. ~~Die im Wege der Fortschreibung bis heute eingetretenen Veränderungen sind in dem unterm heutigen Tage ausgefertigten besonderen Auszug aus den Gebäudesteuerfortschreibungsverhandlungen nachgewiesen.*)~~
4. Der Wohnort des Eigentümers ist nur dann besonders angegeben, wenn der Eigentümer außerhalb des umstehend genannten Bezirks wohnt.
5. Es ist durch die Katasterverwaltung örtlich nicht*) festgestellt, daß die in diesem Auszuge nachgewiesenen Gebäude tatsächlich ganz oder zum Teil auf den bezeichneten Parzellen stehen.

– 2 RM 00 Rpf

in Worten - - - - - - - - - Z w e i - RM 00 Rpf Gebühren für die Staatskasse vereinnahmt.

Königswusterhausen, den 29. Aug. 1934 193

Preußisches Katasteramt.
I. A.
[Unterschrift]

Lfd. Nr. des Gebührenbuchs 976

*) Das nicht Zutreffende ist zu streichen.

GA V, zu § 36 (Verfügung vom 9. 10. 13 II 11531).
Lager Nr. 1214 T. — F. Johannsens Buchdruckerei (Johs. Ibbeken), Schleswig.

Vordruck Nr. 214. (10. 13.) Titel.

Auszug aus der Gebäuderolle, 29. August 1934.

Vordruck V 14. **Auszug aus der Gebäudesteuerrolle** Seite 1

Gemeindebezirk Schenkendorf Gemarkung Schenkendorf

Kreis Teltow Katasteramt Königswusterhausen

Eigentümer Lachmann-Mosse, Erna Felicia, verehel. Verlagsbuchhändler in Berlin

Gebäudesteuerrolle: Nr. 70 Grundsteuermutterrolle: Artikel 6 Grundbuch: Band 2 Blatt 6 der Rittergüter

Ortsübliche Bezeichnung der Besitzung: Dominium Schenkendorf.

Nummer des Kartenblatts (der Flur)	Nummer der Parzelle	Flächeninhalt a	qm	Buchstabe	Gattung der Gebäude und Bezeichnung der Hofräume und Hausgärten	Jährlicher Nutzungswert W der Wohnräume usw. M	G der gewerblichen Räume M	Steuerstufe	Jahresbetrag der veranlagten Gebäudesteuer zu 4 v H M	Pf.	zu 2 v H M	Pf.
1	2			3		4		5	6		7	
1	20	13	02	a	Schloß mit Gutshof und Park	2250	-	37	90	00	-	-
	23	7	92	b	Inspektorwohnhaus	60	-	6	2	40	-	-
	24	7	66	c	Beamtenwohnhaus mit Speicher	60	-	6	2	40	-	-
	25	5	36	d	Kontor an littr. c	-	45	5	-	-	-	90
	26	6	13	e	Brauereigebäude	-	300	17	-	-	6	00
	27	2	55	f	Brennereigebäude mit Kesselhaus rechts u. Wohnung	60	750	25	-	-	16	50
	28	1	28									
	29	61	02	g	Destillationsgebäude	-	240	15	-	-	4	80
	30	2	04	h	Speicher	-	-		-	-	-	-
	31		51	i	Kellerei (Eis- u. Lagerkeller	-	540	21	-	-	10	80
	124/32	11	97	k	Käsehaus	-	-		-	-	-	-
	33	1	28	l	Kuhstall mit Milchkeller	-	-		-	-	-	-
	34		25	m	Schweinestall an littr. l	-	-		-	-	-	-
2	auf 15	Hf. usw.	-	n	Schweinestall mit Abort	-	-		-	-	-	-
				o	Scheune	-	-		-	-	-	-
				p	Geräteschuppen mit Viehwage	-	-		-	-	-	-
				q	Holzschuppen mit Abort	-	-		-	-	-	-
					zu übertragen:	2430	1875		94	80	39	00

Vordruck V 14. **Auszug aus der Gebäudesteuerrolle** Seite 2

Nummer des Kartenblatts (der Flur)	Nummer der Parzelle	Flächeninhalt a	Flächeninhalt qm	Buchstabe	Gattung der Gebäude und Bezeichnung der Hofräume und Hausgärten	Jährlicher Nutzungswert W der Wohnräume usw. M	Jährlicher Nutzungswert G der gewerblichen Räume M	Steuerstufe	Jahresbetrag der veranlagten Gebäudesteuer zu 4 v H M	zu 4 v H Pf.	zu 2 v H M	zu 2 v H Pf.
1		2		3		4		5	6		7	
					Übertrag:	2430	1875		94	80	39	00
				r	Schmiede mit Kohlenraum	–	–		–	–	–	–
				s	Gärtnerhaus mit abges. Abort	60	–	6	2	40	–	–
				t	Stallgebäude rechts zu s gehörig	–	–		–	–	–	–
				u	Stallgebäude links zu littr s	–	–		–	–	–	–
				v	Gartenhalle	–	–		–	–	–	–
				w	Försterwohnhaus mit Hofraum	60	–	6	2	40	–	–
				x	Stall zu w	–	–		–	–	–	–
				y	Familienwohnhaus m. Seitenflügel rechts und links	60	–	6	2	40	–	–
				z	Stallgebäude mit Abort	–	–		–	–	–	–
				aa	ein Teil des Pförtnerhauses	15	–	1	–	40	–	–
				ab	Waschküche zum Familienhaus y	18	–	2	–	60	–	–
				ac	Gewächshaus	–	240	15	–	–	4	80
				ad	Geräteschuppen an Littr. w	–	–		–	–	–	–
				ae	Stallgebäude zu y	–	–		–	–	–	–
				af	Aussichtsturm	120	–	10	4	80	–	–
				ag	Wasserturm	–	50	5	–	–	–	90
						2763	2165		107	80	44	70
Gesamtsumme am					**29. Aug. 1934**	4928			152,50			

wörtlich: Viertausendneunhundertachtundzwanzig Mark Nutzungswert
einhundertzweiundfünfzig Mark fünfzig Pfennig Gebäudesteuer.

Preußisches Katasteramt.

I. A.

11. Februar 1935, das »der Beschluss auf Beschlagnahme des Grundstücks zugestellt [wurde]«[64]. Bereits eine Woche zuvor war eine Bitte um Angabe des Grundstückswertes eingegangen. In der Antwort wurde der Wert des Grundstücks um fast 110.000 RM herabgesetzt.[65] Im Grundbuch ist vermerkt: »Die Zwangsversteigerung des Grundstücks ist angeordnet. Eingetragen am 8. Februar 1935.«[66] Am 20. Februar 1935 wurde durch das Finanzamt bestätigt, dass der Gesamtwert der Schenkendorfer Güter auf 638.700 RM festgesetzt[67] und die Ländereien in Mittenwalde extra berechnet wurden. Alles »auf Grund des Testaments vom 18. Januar 1920, eingetragen am 17. November 1924, […] auf Frau Verlagsbuchhändler Felicia Lachmann-Mosse«[68], zurzeit wohnhaft in Paris.[69] Am 17. Mai 1935 wurde durch Verfügung und Bewilligung des Landgerichts Berlin das Gut auf Burchardt eingetragen.[70] Auch wenn der Verkauf unter Zwang erfolgte, mussten die Lachmann-Mosses auf den Verkaufswert eine Sicherungshypothek an das Deutsche Reich zahlen – ein Teilbetrag der Reichsfluchtsteuerschuld.[71]

Am 6. Juni ging ein Schreiben an das AG Königs Wusterhausen, in dem das Ehepaar Beschwerde gegen den Beschluss vom 5. Februar einlegte und zeitgleich Antrag stellte, diesen aufzuheben[72] mit der Begründung: »Wir sind die Inhaber des Grundstückes. Beweis: Grundbuch«.[73]

Doch sie waren verpflichtet, das in Deutschland befindliche Vermögen der Vergleichsmasse des insolventen Verlags zur Verfügung zu stellen, was durch Eintragung der Grundschuld auf Güter wie Schenkendorf gewährleistet wurde.[74] Hans und Felicia Lachmann-Mosse widersprachen dem Verkauf, da sie der Ansicht waren, dass es mit 310.000 RM »zu einem Preis verkauft wurde, der einer Verschleuderung von Massegut [gleichkam]«[75].

Lachmann-Mosses gaben an, dass ein weit höherer Preis hätte erzielt werden können, und verlangten, »im Interesse der Gläubiger, die bessere Verwertung«[76]. Sie widersprachen dem Verfahren, da es nach ihrem Ermessen nicht die Anforderungen einer sorgfältigen Massenverwertung erfüllte.[77] Am 12. Juni 1935 wurde die Beschwerde als unbegründet abgewiesen.

Es folgte auch keine einstweilige Einstellung des Verfahrens, da »die Schuldner […] durch die Verfügung vom 5.II.1935 aufgefordert wurden, etwaige Gründe, die eine einstweilige Einstellung des Verfahrens

…s Amtsgericht. Königswusterhausen, den 18. Mai 1935.

Fernsprecher: 2050

…wird gebeten, bei allen …tlichen Anträgen die …stehende Geschäftsnummer anzugeben.

…äftsnummer:

…kendorf Bd. 2
Bl. Nr. 6N/467.

An

Abteilung V,

in hier.

zu 5. K. 18/35

Auf dem Grundbuchblatte des in Schenkendorf belegenen, der Frau Felicia Lachmann-Mosse geb. Mosse z.Zt. in Paris

gehörenden, im Grundbuche von Schenkendorf

Band	2	Blatt Nr.	6N
"	3	" "	78
"	4	" "	97
"	6	" "	148
"	6	" "	152

eingetragenen Grundstücken

ist folgendes eingetragen worden:

Abteilung III, Spalten 5–7

Zu Nr. 45 bezw. 4 bezw. 3 bezw. 3 bezw. 2 = 100000,-GM. Vormerkung zur Sicherung des Anspruchs auf Abtretung dieser Post. Unter Bezugnahme auf die einstweilige Verfügung des Landgerichts Berlin vom 17. April 1935 und die Bewilligung vom 15. Mai 1935 für den Landwirt Otto Burchardt in Schenkendorf eingetragen am 17. Mai 1935.

Auf Anordnung
[Unterschrift]
Justizangestellte.

…S.
…35. Allgemeiner Vordruck für Bekanntmachungen in Grundbuchsachen.
…uckerei Reinhold Kühn A.G., Berlin SW 68

Die Vormerkung zur Sicherung der Ansprüche Burchardts, 28. Mai 1935.

die weitergehenden Gesichtspunkte des Streitfalles ein Meinungsaustausch im Gange. Die englische Regierung habe sich bemüht, zu entdecken, ob die französische Regierung irgendwelche positiven Vorschläge für die Beilegung dieses Streites vorzubringen habe. England habe gefühlt, daß es seinen Beitrag geleistet habe und daß es jetzt an Frankreich sei, den seinigen zu leisten. Abschließend betonte Eden noch einmal, daß die englische Regierung weiterhin mit Zähigkeit und Standhaftigkeit eine Regelung des italienisch-abessinischen Streites erstreben werde.

Nach der bereits gemeldeten Abstimmung vertagte sich das Unterhaus.

„Keinen Sonderfrieden!"

(Eigenbericht der „Kreuz-Zeitung")

Dr. E. Sch. **Paris**, 12. Juli.

Die große Rede des britischen Außenministers wird sehr ausgiebig als großes politisches Ereignis kommentiert. Die dem französischen Auswärtigen Amt nahestehenden Blätter wie „Petit Parisien" und „Exzelsior" oder „Journal" und „Oeuvre" äußern sich recht zuversichtlich. Allerdings bemerkt „Petit Parisien", wie übrigens eine Anzahl anderer Blätter, der Teil über das Flottenabkommen lasse etwas zu wünschen übrig und die Berechnungen, die der englische Minister über das künftige Verhältnis zwischen der französischen und der deutschen Flotte abgestellt habe, entsprächen nicht ganz den Tatsachen. Aber angesichts der übrigen warmen Worte, die Sir Samuel Hoare an Frankreich gerichtet habe, solle man über diesen Einzelpunkt nicht streiten.

Amtliche Bekanntmachungen

Zwangsversteigerung

Am 26. August 1935, um 9 Uhr, sollen hier, Zimmer 65, die im Grundbuch von den Rittergütern des Kreises Teltow (Schenkendorf) Band II Blatt 6 N, von Schenkendorf Blatt 78, 97, 148 und 152 eingetragenen Grundstücke

a) Band II Blatt 6 N
lfd. Nr. 4: die ideelle Hälfte von der im Gutsbezirk Schenkendorf an der Königswusterhausener Forst belegenen Wiese Kartenblatt 2, Pl. 50 von 1 ha 41 a 70 qm Größe mit 1,11 Tlr. Reinertrag,
lfd. Nr. 11: Rittergut Schenkendorf mit Vorwerk Marienhof und Parzellen im Dorfe. Straße, Dorfstraße und Hofraum im Dorfe, groß 589 ha 11 a 56 qm,
lfd. Nr. 12: Graben am Nottekanal, groß 4,31 a.
b) Blatt 78
lfd. Nr. 4: Hofraum im Dorfe Nr. 11, groß 13,40 a,
c) Blatt 97
lfd. Nr. 1: Hofraum mit Gebäuden und Acker im Dorfe Ia und XIa, groß 31,81 a,
d) Blatt 148
lfd. Nr. 1: Wiese im Dorfe Ia, groß 75,88 a.
e) Blatt 152
lfd. Nr. 1: Wiese an der Schenkendorfer Grenze, groß 0,15 a, zu a) in Schenkendorf bzw. Krummensee, zu b) bis e) in Schenkendorf belegen,

zwangsweise versteigert werden.
Eigentümerin: Frau Felicia Lachmann-Mosse, Paris.
Königswusterhausen, den 8. Juli 1935.
5 K 18/35. **Das Amtsgericht.**

Zwangsversteigerungen

Es werden öffentlich meistbietend gegen sofortige Barzahlung versteigert:

Am Sonnabend, dem 13. Juli 1935, vorm. 9 Uhr, in Berlin-Niederschönhausen, Hertha-Platz:
1 Baubude mit Ofen auf Abriß, 25 Unterzüge für Leitrüstungen, 3 Firmenschilder.
Ferner: um 12 Uhr in der Pfandkammer Berlin-Pankow, Kissingenstraße 5/6:
1 Motorrad, ca. 40 Hühner, 1 Nähmaschine, 1 Grammophon, 1 Radio-Apparat, versch. Möbel u. a. m.

Kowalzik, Obergerichtsvollzieher, Bln.-Niederschönhausen, Schloßallee 24.

Die amtliche Bekanntmachung der angeordneten Zwangsversteigerung in der »Kreuzzeitung«, Nr. 162, 13. Juli 1935.

nach §§ 5 ff. der Verordnung vom 26. Mai 1935 rechtfertigen könnten, geltend zu machen. Sie haben derartige Umstände nicht vorgebracht. Der Schriftsatz vom 6. Juni 1935 enthält lediglich eine Erinnerung gegen den Anordnungsbeschluss«[78] – d. h. dass das AG die Schreiben von September bzw. Oktober 1934 in der Urteilsfindung ignorierte oder unterschlug. Zur Befriedigung der Gläubiger wurde die schnellstmögliche Versteigerung gefordert und durch Anzeigen und Inseraten forciert.[79] So war in der täglich erscheinenden Berliner »Kreuzzeitung. Wir Deutsche fürchten Gott/Sonst nichts in der Welt!« vom 13. Juli 1935 eine amtliche Bekanntmachung über die Zwangsversteigerung zu lesen, die besagte, dass am 26. August »die Gebäude und Gemarkung in Schenkendorf […] zwangsweise versteigert würden«[80]. Bereits am 17. August ging die erste Interessensbekundung an das AG Königs Wusterhausen von der sogenannten Landkauf GmbH. Am 21. August traf ein Schreiben von Burchardt ein, in dem er »seine Rechte aus den beiden Grund-

Finanzamt Mitte
ollstreckungsdienststelle.
erbezirk RV.44 / 89
en Täglich von 9 – 13 Uhr (außer Montags)
Fernsprecher: A 6 Merkur 4181.
Bankverbindung:
Reichsbankgirokonto.
Postscheckkonto: Berlin Nr. 1067 00

Berlin NW 7, den 2.Oktober 1935.
Am Weidendamm 1a

Eingegangen
3-OKT.1935
Amtsgericht
KÖNIGSWUSTERHAUSEN

Betrifft: Zwangsversteigerung der im Grundbuche von Rittergüter des Kreises Teltow (Schenkendorf) Band II Bl.6 N von Schenkendorf Band III Bl.78, Band IV Bl.97, Band VI Bl.148 und 152 eingetragenen Grundstücke – Gesch.Nr. 5 K 18/35 –.

-.-.-.-.-

Die Eigentümerin, Frau Felicia Lachmann – Mosse schuldet dem Deutschen Reich – vertreten durch das Finanzamt Mitte – 4 487 300,-RM an Reichsfluchtsteuer. Zur teilweisen Sicherung dieser Forderung sind am 6.6.1935 folgende Sicherungshypotheken für das Deutsche Reich – vertreten durch das Finanzamt Mitte – eingetragen worden:

Rittergüter Schenkendorf Bd.II Bl.6 N Abt.III Sp.1-4.

lfd.Nr.d.Grundstücks 4	– Eintragung 46 –	25 000,- RM
" " " " 12	– " 47 –	5 000,- "
" " " " 11	– " 48 –	380 000,- "

Schenkendorf Band III Bl.78 Abt.III Sp.1-4

lfd.Nr.d.Grundstücks 4	– Eintragung 5 –	10 000,- "

Schenkendorf Band IV Bl.97 Abt.III Sp.1-4

lfd.Nr.d.Grundstücks 1	– Eintragung 4 –	50 000,- "

Schenkendorf Band VI Bl.148 Abt.III Sp.1-4

lfd.Nr.d.Grundstücks 1	– Eintragung 4 –	30 000,- ".

Die obige Forderung, deren Vollstreckbarkeit ich bescheinige, melde ich hiermit zum Termin zur Verteilung des Versteigerungserlöses vom 4.Oktober 1935 an und beanspruche Befriedigung in Höhe der obigen Sicherungshypotheken.

erichts Königswusterhausen

Königswusterhausen i.d.Mark

Im Auftrage:

FINANZAMT MITTE Nr. 1 BERLIN

Eintragung der Sicherungshypotheken auf die Felicia Lachmann-Mosse gehörenden Grundstücke zur Sicherung der Reichsfluchtsteuer, 2. Oktober 1935.

schulden eingetragenen Vormerkungen zur Sicherung des Anspruchs auf Abtretung der beiden Gesamtgrundschulden [anmeldete]. 5 % der beiden Gesamtgrundschulden seit 1. Januar 1934. Die Fälligkeit der Gesamtgrundschuld von 400.000 G.M. mindestens R.M. laut Bedingungen.[81] Heil Hitler! Otto Burchardt.«[82]

Zum Termin der Zwangsversteigerung erschien im Namen von Hans und Felicia der Kaufmann Neumann.[83] Felicia hatte ihrem Mann am 28. März 1933 in notariell beglaubigter Form Generalvollmacht erteilt – in Verbindung mit der Befugnis, Unterbevollmächtigte wie Neumann zu bestellen.[84] Als Generalbevollmächtigter genehmigte dieser die Gesamtgrundschuld in Höhe von 100.000 GM min. RM auf sämtliche Grundbuchblätter für die Rudolf Mosse Treuhandverwaltung GmbH aufzunehmen; des Weiteren war über die Gesamtgrundschuld ein Grundschuldbrief zu bilden.

Am 2. September 1935 wurde vermerkt, dass »an dem Versteigerungstermin am 26. August [...] der Landwirt Otto Burchardt in Schenkendorf Kreis Teltow Meistbietender war«[85]. Denn am 24. August 1935 war beim AG Königs Wusterhausen ein Schreiben des sogenannten Landlieferungsverband Brandenburg und Grenzmark eingegangen, das den Verzicht des Vorkaufsrechts erklärte,[86] wenn Burchardt mit einem Gebot von 456.137,50 RM Meistbietender wäre.[87] Am 29. Oktober wurde Burchardt als neuer Eigentümer im Grundbuch eingetragen.[88] Die 400.000 GM min. RM Grundschulden wurden am gleichen Tag gelöscht.[89] So wurde das Gut, entgegen aller Widerstände und Einsprüche, an den Landwirt Otto Burchardt zwangsversteigert. Dieser ließ das Schloss von den ehemaligen Angestellten der Familie verwalten und bewohnte bis 1945 mit seiner Familie das alte Gutshaus.[90]

Zwangsenteignungen konnten sich also völlig unterschiedlich vollziehen – je nach Dienlichkeit für die Obrigkeiten des »Dritten Reiches« nahmen sie einen höchst individuellen Verlauf. In der Zeit zwischen der Zwangsversteigerung und dem Ende des Zweiten Weltkrieges war »das Mosse´sche Schloss in Schenkendorf [ab 1943 [Anmerkung C.O.]] bis zum Einzug der Roten Armee verpachtet an die Reichsrundfunk-Programmüberwachungsstelle«[91] und zwischenzeitlich wurden Lehrgänge für angehende Gutssekretärinnen abgehalten.[92] Die Umnutzung des Gutes dauerte bis zum Jahr 1989.

1945 – Das Rittergut wird Volkseigentum

Die Kampfhandlungen und Bombenangriffe des Zweiten Weltkriegs führten zu enormen Zerstörungen. Davon betroffen waren v. a. die östlichen und südlichen Kreise der Provinz Brandenburg und das Berliner Umland. Ganze Landstriche wurden verwüstet, die industriellen Kapazitäten der Region gingen verloren und die Landwirtschaft kam zum Erliegen.[1] Nach 1945 gehörte Brandenburg,[2] und damit auch Schenkendorf, zur Sowjetischen Besatzungszone (SBZ), in deren Hoheitsbereich vorrangiges Ziel die Enteignung privater Landwirtschaft war. Mit der Durchführung wurde die Kommunistische Partei Deutschlands (KPD) beauftragt. Im September 1945 folgten Verordnungen der Sowjetischen Militär Administration (SMAD), die Großgrundbesitzer mit mehr als 100 Hektar Nutzfläche – inklusive Gebäuden, Viehbestand und Geräten – enteigneten. Das Land wurde von einer Bodenkommission aufgeteilt und die früheren Besitzer mussten das Kreisgebiet umgehend verlassen. Gutsbesitzer und Verwalter, die sich weigerten, wurden angewiesen oder mit Gewalt fortgeschafft.[3]

Auch das ehemalige Rittergut Schenkendorf wurde nach dem Zweiten Weltkrieg in Volkeigentum überführt[4] und, soweit auf dem enteigneten Boden keine neuen Staatsgüter errichtet wurden, wurde dieser an die sogenannten Neubauern verteilt. Im Besonderen an zwei Gruppen – an Landarbeiter der bisherigen Güter und an Vertriebene aus den ehemaligen Ostgebieten.[5] Wilhelm Pieck[6] äußerte dazu, dass »der den Bauern und Landarbeitern zugeteilte Boden sofort in Privatbesitz übergehen [soll]. Der Grundgedanke [war], daß möglichst viele kleine selbstständige Bauernwirtschaften geschaffen werden. Die dabei entstandene Betriebsgröße der Neubauernschaften lag – entgegen vorheriger Versprechungen von 12 ha, etwa bei 5 ha Acker und Wiesen, und war durch die leichten Böden unwirtschaftlich. Grundgedanke der Bodenreform war, die Dankbarkeit der Landbevölkerung für das praktisch geschenkte

Land zu gewinnen, und zeitgleich die neuen Wirtschaften so klein zu halten, daß sie nicht auf einen Grünen Zweig kommen konnten und sich daher widerstandslos und erneut dankbar in die nach sowjetischem Vorbild geplanten Großbetriebe einfügen konnten. So entstanden ab 1945 die Landwirtschaftlichen Produktionsgenossenschaften (LPG).«[7] Offiziell wurde unter der Parole »Junkerland in Bauernhand« die humanistische Zwecksetzung zum Wohl des Volkes propagiert.

Das zentrale Problem war die Errichtung der Wohn- und Wirtschaftshäuser für die Neubauern. Die Guts- und Herrenhäuser rückten in den Fokus, da sie genug Material boten, um dem entgegenzuwirken.[8] Meist waren sie zur Gewinnung von Baumaterialien für die Neubauernhäuser freigegeben; es gab nur einzelne Ausnahmen. Entweder weil als kulturell wertvoll eingestuft oder wegen der Freigabe zur Nutzung als Erholungs- oder Kinderheim – auch deshalb blieb Schenkendorf vom Abriss verschont. Der SMAD-Befehl Nr. 209 vom 9. September 1947 begleitete die Situation.[9] Er wandte sich gegen die verhassten Wahrzeichen des Feudalismus und erlaubte den Neubauern, »Baumaterial der Baulichkeiten ehemaliger Gutsbesitzerhöfe«[10] für eigene Zwecke zu verwenden. Dieser Befehl war zum einen die nachträgliche Erlaubnis zur Zerstörung vieler Landsitze 1945 und sollte zum anderen der Sozialistischen Einheitspartei Deutschlands (SED) fortan als Grundlage für vorsätzliche Destruktion ehemaliger Adelssitze / Besitzungen der Großbürgerlichkeit dienen. Der Beschluss des Zentralkomitees (ZK) der SED vom 15. März 1948 gab weitere Legitimation, da »der Abriß [...] nicht nur unter dem Gesichtswinkel betrachtet werden [darf], Baumaterialien für Neubausiedlungen zu gewinnen, [sondern es] viel wichtiger [ist], soweit als möglich alle Spuren der Junkerschaft aus dem Dorf zu vernichten.«[11]

Dem folgte am 31. März ein Aufruf von Brandenburgs Innenminister Bernhard Bechler[12] zu freiwilligen Sonntagsschichten, um an der Zerstörung der die Landschaften verunzierenden Schlösser und Herrenhäuser mitzuwirken.

Bezüglich Schenkendorf erging am 14. Juli 1950 ein Schreiben an die Landesregierung, betr. Veränderung des Gutshofcharakters, demzufolge Schloss- und Grubenhof noch immer unangetastet waren. Nach einem bereits am 30. Juni 1949 genehmigten Bebauungsplan sollten Abrisse, Durchbrüche und Umbauten vorgenommen werden, um den Charakter zu beseitigen: Bisher war jedoch aus ungeklärter Zuständigkeit nichts geschehen. Das sollte dringend geändert werden, um mit den Arbeiten zu beginnen, da die Neubauern die Möglichkeit und das Material zum Ausbau ihrer Höfe nutzen wollten.[13] Objekte, die dem Abbau entgingen, wurden in den folgenden 40 Jahren meist so vernutzt, dass immense Schäden entstanden und schließlich nur mehr ein Abriss möglich war. Dies hatte Verlust umfangreicher kultureller und historischer Substanz zur Folge: Allein in Brandenburg wurden insgesamt mehr als 1.000 Gutsgebäude abgerissen und 950.000 Hektar Land enteignet – ca. 38 Prozent der gesamten Nutzfläche.[14]

Trotz gegenläufiger »kommunistischer Propaganda, die die Bodenreform als ›Akt der historischen und sozialen Gerechtigkeit‹ […] feierte«[15], stießen die Maßnahmen zu Beginn auf wenig Unterstützung. Einerseits fürchteten viele, dass die Bodenreform nach dem Abzug der sowjetischen Truppen rückgängig gemacht werden könnte. Andererseits war Landwirtschaft in Brandenburg aufgrund des sandigen Bodens nur auf großen Flächen lukrativ, weshalb in der ehemaligen Provinz 100 Hektar nicht als Großgrundbesitz empfunden wurden – »mancherorts mussten die Sowjets eingreifen, um die Maßnahmen überhaupt in Gang zu bringen«[16].

Doch »die Verordnung über die Bodenreform vom 6. September 1945 [besagte]: [Dass] der gesamte feudal-junkerliche Boden und der Grossgrundbesitz [sic!] über 100 ha mit allen Bauten, lebendem und totem Inventar und anderem landwirtschaftlichen Vermögen enteignet [wird].«[17] So wurde am 4. November 1946 auch das Grundstück des Fabrikbesitzers Arnold von Siemens als Bestandteil des Schenkendorfer Gutes aufgeteilt.[18] Bereits am 14. März hatte der Landrat klargestellt, dass »zu der Grube Zentrum [sic!] […] ein landwirtschaftlicher Betrieb [gehört], der […] an den ehemaligen, inzwischen enteigneten Eigentümer des Gutes Schenkendorf namens Burchardt«[19] verpachtet und mit diesem Land wie allgemein gültig zu verfahren sei.

Am 2. Mai 1946 erging das erste Mal die Bitte um Mitteilung, ob es zwischen der Kommission für die Durchführung der Bodenreform und der Gemeinde eine Einigung über die Aufteilung des Inventars gegeben habe.[20] Bereits am 6. Juni stellte das Ministerium für Arbeit und

Der Gemeindevorsteher — Schenkendorf, den 11. Juli 1947
bei Königs Wusterhausen

An die
Provinzial-Regierung
Mark Brandenburg
Abtlg.: Bodenreform
(Zimmer 330)

Potsdam
Friedrich-Ebert-Straße

In Schenkendorf ist das Mossische Gut mit Schloß und Park im Zuge der Bodenreform aufgeteilt worden. - Schloß und Park sind Provinzial-Eigentum geworden (besetzt durch das Provinzial-Kinderheim). - Angrenzend an den Park befindet sich eine Gärtnerei, welche auf Anordnung der Provinzial-Regierung der Vereinigung der gegenseitigen Bauernhilfe übereignet werden sollte. Das Kinderheim beansprucht nun diese Gärtnerei für sich, was wir nicht verstehen können. Diese Gärtnerei beliefert unsere Bauern und darüberhinaus auch Nachbargemeinden mit Gemüsepflanzen, die im Interesse der Volksernährung so notwendig gebraucht werden. Wir bitten nun um endgültige Abtrennung der Gärtnerei für die VdgB.

Gemeinde-Bodenkommission — Der Gemeindevorsteher
gez. Gallus

Das Schreiben zur Aufteilung des Mosse'schen Gutes im Zuge der Bodenreform, 11. Juli 1947.

Sozialwesen Antrag auf die Übereignung des Schlosses samt Nebengebäuden, um dort ein Kinderheim einzurichten. Die Gebäude sollten unter den Schutz des Bürgermeisters gestellt und sichtbar als Provinz-Eigentum bezeichnet werden; die Beraubung der Gebäude wurde unter Strafandrohung untersagt.[21] Bezüglich der bereits aufgeteilten Ländereien wurde »auf Grund des am 23. Juli 1946 durch die Kreiskommission in Mahlow bestätigten Aufteilungsprotokolls«[22] festgelegt, dass die Grundstücke weder verpachtet noch verpfändet werden durften.[23] Daher erging am 11. Juli 1947 Mitteilung an die Provinzial-Regierung, Abteilung Bodenreform, dass »das Mossische [sic!] Gut mit Schloß und Park im Zuge der Bodenreform aufgeteilt [wurde]. Schloß und Park sind nun Provinzial-Eigentum.«[24]

Unverständnis wurde lediglich darüber geäußert, dass das auf dem Gut untergebrachte Kinderheim die Schlossgärtnerei für sich beanspruchte und nicht der Vereinigung der gegenseitigen Bauernhilfe (VdgB) zur Sicherung der Volksernährung überließ.[25] Dass die Enteignung an sich unrechtmäßig war, wurde nicht reflektiert.

Landesregierung Brandenburg
Minister des Innern
Amt zum Schutze des Volkseigentums

(2) Potsdam, den 21. März 1951
Heinrich-Mann-Allee 107, Haus 17
Fernsprecher: Potsdam 4351, Apparat 287

G.-Z.: ....
Bei Antwortschreiben bitte anzugeben

Amtsgericht Königs Wusterhausen
Eing. 30. MRZ. 1951
Tgb. Nr. ....

Übertragungsurkunde Nr. Bf. 1721

— Volkseigentum aus der Bodenreform —

Objekt: ehemaliges Schloß in Schenkendorf, Krs. Teltow

Verfügung: LRB. Ministerium für Land-und Forstwirtschaft, HA. Landwirtschaft vom 16.11.1950 GZ : 2233.02.07 - 349

Vorstehender Vermögenswert wurde zum Zwecke der Eigentums-Regelung aus dem Bodenfonds in das Volkseigentum übergeben. Die Übertragung erfolgt zur

Verwaltung — Verwaltung und Nutznießung
xxxxxxxxxxxxxxxxxxxxxxxxx

auf Landesregierung Brandenburg, Ministerium für Volksbildung, Wissenschaft und Kunst - Jugendhilfe und Heimerziehung, Potsdam

als Rechtsträger. Übernahme und Verwaltung haben zu erfolgen in sinngemäßer Anwendung der Bestimmungen über die Übertragung des Volkseigentums auf die Rechtsträger des Volkseigentums vom 20. Oktober 1948 (ZVOBl S. 502).

Die Übernahme durch den Rechtsträger ist durch Übermittlung eines Übergabe-Protokolls — unterzeichnet vom Übergebenden und Übernehmenden — dem Amt zum Schutze des Volkseigentums unverzüglich zu bestätigen.

Die Eintragung im Grundbuch als „Eigentum des Volkes" mit dem Rechtsträger-Vermerk wird von

Bodenkulturamt Mahlow in Blankenfelde

durch Ersuchen an das zuständige Amtsgericht bewirkt. Die Eintragung ist dem AVE in der üblichen Form und Frist zu bestätigen.

Beigefügt 3 (2) Inventurkarten zur Ausfüllung durch den Rechtsträger und zur umgehenden Rücksendung von 2 Ausfertigungen an das AVE.

Verteiler:
Rechtsträger
Amtsgericht in: Königswusterhausen
Verfügender
Kreisbodenkommission
Bodenkulturamt
Beauftragter — AVE
DDR — AVE — Berlin
Rat der Gemeinde / Stadt
Verwertung
Kartei

Landesregierung Brandenburg · Amt zum Schutze des Volkseigentums · Minister des Innern

In Vertretung
(Zipfel)

Anlagen für den Rechtsträger:
3 Inventurkarten
Erläuterungen über Verwaltung und Nutznießung (fallweise)

2 AR 37.51

Reg. 15 Landesdruckerei Brandenburg, Potsdam G 11036 2000 12 50 3227

Die Übertragungsurkunde Nr. Bf. 1721, 21. März 1951.

Am 21. März 1951 folgte die Übertragungsurkunde Nr. Bf. 1721,[26] die festhielt, dass »vorstehender Vermögenswert […] zum Zwecke der Eigentums-Regelung aus dem Bodenfonds in das Volkseigentum übergeben wird. Die Übertragung [erfolgt] zur Verwaltung und Nutznießung auf [die] Landesregierung Brandenburg, Ministerium für Volksbildung, Wissenschaft und Kunst – Jugendhilfe und Heimerziehung, Potsdam als Rechtsträger.«[27]

Die gesetzliche Grundlage für die Inverwaltungnahme ehemaliger jüdischer Grundstücke war die Proklamation Nr. 2 des Alliierten Kontrollrates/September 1945. Diese besagte, dass von jüdischen Staatsbürgern nach dem 30. Januar 1933 veräußerter Grundbesitz als unter Zwang verkauft betrachtet und einer späteren Wiedergutmachung unterstellt wurde – ohne, dass im Einzelnen die Berechtigung der jüdischen Voreigentümer geprüft werden musste.

Für die westlichen Sektoren galt Gesetz Nr. 52 der amerikanischen Militärregierung vom 28. August 1945; auf dem Gebiet der ehemaligen DDR Befehl Nr. 124 des obersten Befehlshabers der SMAD vom 30. Oktober 1945.[28] Die Kontrollratsproklamation 2, 14c besagte, dass »Eigentum, Rechte, Anrechte und Interessen innerhalb Deutschlands […] nicht aus Deutschland entfernt oder an irgendeine Person, die außerhalb Deutschlands wohnhaft oder geschäftlich tätig ist, ohne Genehmigung der Vertreter der Alliierten übertragen oder veräußert werden darf«[29]. Deswegen existierte auch die Bezeichnung: »Herrenlose Grundstücke von Eigentümern ausländischer Staatsangehörigkeit.«[30]

Grundstücke, die vormals jüdischen Eigentümer gehört hatten, wurden der sogenannten Herkunftsgruppe 5 zugeordnet. Am 23. Juli 1952 erging diesbezüglich die Anordnung, dass es nicht nötig sei, die jüdischen Voreigentümer namentlich aufzuführen: »Es genüge die Bezeichnung ›jüdischer Privateigentümer‹ oder ›jüdische Firma, Gesellschaft‹.«[31]

Knapp zwei Jahre später, am 7. April 1954, wurde festgesetzt, dass Grundstücke, die im Ausland lebenden deutschen Juden gehörten, durch Vermögensverfall oder -einziehung Reichseigentum wurden. Eigentum und Grundstücke gingen auf das Deutsche Reich über. Ab dem Zeitpunkt der Vermögenseinziehung handelte es sich »nicht mehr um jüdischen Grundbesitz, sondern um Grundbesitz des Deutschen Reiches. Für diese Grundstücke [entfielen] damit die gegen Juden gerichteten Ausnahmebestimmungen.«[32] Bereits am 30. Oktober 1950 wurden beim Ministerium der Finanzen (MdF), Abteilung Ausländisches Eigentum, neue Richtlinien für die Bearbeitung ausländischer Vermögenswerte vereinbart.[33] Durch diese Gesetzgebung war die Rückerstattung hinfällig und die Grundlage für erneute Enteignungen geschaffen. Das Gesetz legitimierte, dass das Rittergut Schenkendorf »am 20. Dezember 1951 auf Ersuchen des Bodenkulturamtes im Grundbuch […] für Eigentum des Volkes«[34] erklärt wurde, nachdem am 20. Juli grundsätzliche Ausführungen zu Besitzverhältnissen der aus jüdischem Vorbesitz verwalteten Grundstücke ergangen waren.[35] Dadurch waren »nach 1945 […] die meisten Land- und Rittergüter, die [sie] […] im Umland besessen hatten, für die […] Familienmitglieder nicht mehr erreichbar oder nutzbar«[36].

Die Bodenreform

Am 18. Dezember 1945 teilte die Bodenreform die Ländereien von Grube Centrum und Rittergut Schenkendorf auf. Dies betraf 63,50 Hektar Ackerland, elf Hektar Wiesen und 141 Hektar Wald, die an Flüchtlinge, Landarbeiter, landlose Bauern, Kleinbauern, Kleinsiedler, Altbauern und die Gemeinde verteilt wurden.[37] Das Aufteilungsprotokoll besagte, dass die »Grundbuchnummern […] den ehemaligen Gutshof mit Gärtnerei umfaßen [sic!], und […] als Hofstellen an die Neubauern Wange, Tetzlaff, Hantke, Roth, Dommisch, die Gärtnerei Ortsvereinig. VdgB u. Schulgärten, Gemeinde Schenkendorf eingetragen [sind]«[38]. Die Provinzial-Verwaltung, Abteilung Landwirtschaft, Ernährung und Forsten wandte sich am 23. Januar 1946 bzgl. des Runderlasses 313 an den Landrat. Dieser forderte die Aufgabe der Schlösser und Herrenhäuser, »die im Zuge der Bodenreform nicht mit zur Aufteilung gelangt [waren], d. h. deren Nutzung nicht der Bauernhilfe zur Verfügung stand«[39]. Am 18. September folgte die Freigabe zur Errichtung eines Kinderheims in den leerstehenden Räumen des Gutshauses,[40] nachdem Zustand und Zahl der Räumlichkeiten nach Anordnung vom 9. September geprüft worden waren.[41] Diesbzüglich gab es Ende 1946 Auseinandersetzungen mit Gemeindevorsteher Behrend, da er mit seiner Frau die vier Zimmer des Pförtnerhauses – zuzüglich Küche und Bad – allein bewohnte. Das

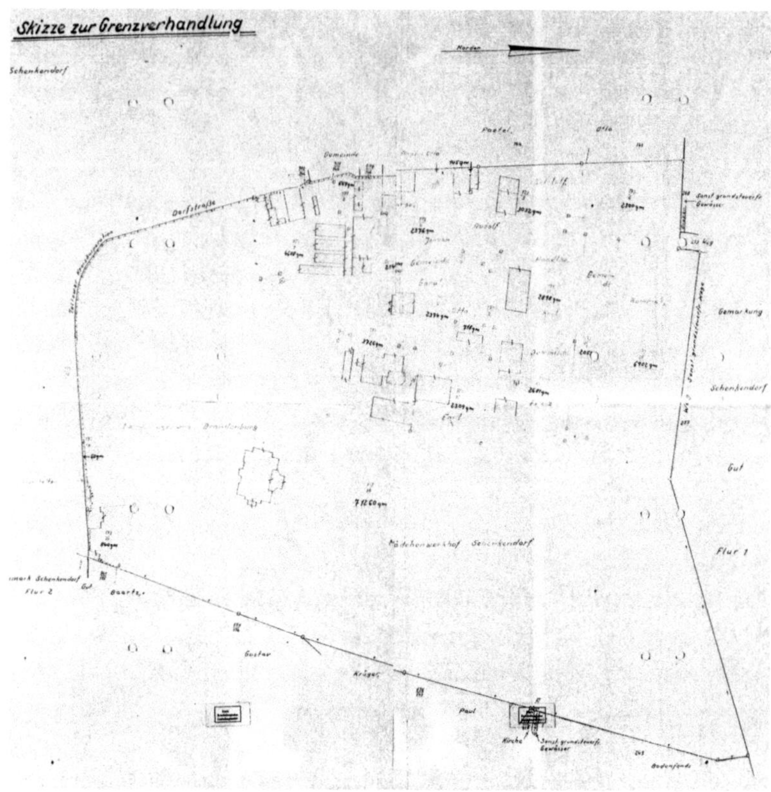

Skizze zur Aufteilung des Rittergutes im Zuge der Bodenreform, Datierung unbekannt.

Kreisjugendamt/Jugendfürsorge wollte dort eine Station für Klein- und Kleinstkinder einrichten und argumentierte, dass das Pförtnerhaus zum Schloss gehöre und für die Einrichtung einer Isolationsstation ideal geeignet sei. Hinzu kam, dass die Villa Mosse mit ihren 25 Zimmern durch Kriegseinwirkungen beschädigt war und generell zu wenig Platz bot.[42] Die Kapazitäten waren mit 108 Kindern ausgeschöpft und ohne das Pförtnerhaus gab es keine Möglichkeit, fünf zum Betteln gezwungene Kinder geschlechtskranker Prostituierter aufzunehmen. Darum setzte sich Heimleiter Derix für die Freimachung des Objekts ein und die Regierung entschied am 18. Februar 1947, es ihm zur Verfügung zu stellen.[43] »Außerdem wäre es in kultureller Hinsicht nicht empfehlenswert, einen für das Schloss und den Park geschaffenen charakteristischen Bau vom Ganzen abzutrennen, um eine Siedlerstelle daraus zu machen.«[44] Doch der Freizug verzögerte sich, da Behrend Einspruch erhob und die Auseinandersetzung um die Nutzung des Pförtnerhauses ging weiter.

Im Mai 1950 erging die Bitte um dringende Mitteilung, ob das Pförtnerhaus des Schlosses, noch immer vom Gemeindevorsteher bewohnt, auch grundbuchamtlich auf diesen eingetragen wurde. Die Angaben seien erforderlich, da die Gemeindekommission das Haus der Gemeinde zugesprochen habe, damit diese ein eigenes Verwaltungsgebäude bekomme. Die Antwort an den Rat des Kreises besagte, dass Neubauer Julius Behrend zwar das Objekt bewohne, aber Grund und Boden nicht auf ihn eingetragen seien. Er habe behelfsmäßig Unterkunft bezogen, bis ihm eine Neubauernstelle zugewiesen werde.[45] Am 4. Juli 1950 wurde die Übertragung zurückgezogen, »da sich [...] die Gemeinde nicht der Notwendigkeit verschliessen [sic!] konnte, das Pförtnerhaus dem Mädchenwerkhof zu überlassen, welcher mittlerweile auf dem ehemaligen Gut untergebracht worden war«[46]. Ungeachtet dessen folgte am 30. Dezember die Übertragungsurkunde Nr. Bf. 1580, die das Pförtnerhaus dem Rat der Gemeinde zur alleinigen Nutzung und Verwaltung übereignete.[47] Diese Urkunde ignorierend, erhob die Gemeinde erneut Anspruch auf das Pförtnerhaus, obwohl sie bereits als Rechtsträger eingesetzt und im Grundbuch verzeichnet war. Da das Objekt 1949 vom Katasteramt vermessen und mit einer Grenze versehen wurde, die es von Schloss und Gut trennte, hätte es nicht zwangsläufig dem Mädchenwerkhof zugeschlagen werden müssen. Doch nach der Verschleppung des Sachverhaltes bedurfte es akuter Klärung aufgrund der Frage zur Unterbringung der Erzieherinnen.[48] Am 7. Januar 1952 wurde zudem festgestellt, dass Arbeitsräume für ca. 60 Mädchen fehlten und im Schloss wegen Platzmangel nicht eingerichtet werden konnten, was die Erfüllung des Fünfjahresplans gefährdete.[49] In der Brennerei war Raum vorhanden und der Umbau bedurfte nur geringen Aufwands. Allerdings sollte die Brennerei eigentlich abgerissen werden, um den Gutscharakter zu zerstören, weshalb ein Antrag gestellt wurde, der den Abriss verhinderte und den Erhalt im volkswirtschaftlichen Interesse befürwortete.[50] Das Gebäude der ehemaligen Brennerei wurde dem

Mädchenwerkhof am 18. August zugesprochen und die Landesregierung forderte Vermerk im Grundbuch.[51]

In sämtlichen Schreiben zur Nutzung des Pförtnerhauses und der Zuordnung der ehemaligen Gutsgärtnerei zeigen sich Unstimmigkeiten, Widersprüche und die Inkonsequenz bei der Durchführung der Bodenreform.[52] Noch Anfang Juli 1949 erging die Mitteilung, dass Planung und Aufteilung der auf dem Rittergut befindlichen Hofstellen noch nicht genehmigt seien und das Pförtnerhaus keinen neuen Eigentümer habe – in völligem Widerspruch zu allen anderen Erlässen.[53]

Auch über die Nutzung der zugehörigen Gärtnerei gab es gegensätzliche Beschlüsse. Am 20. Oktober 1947 wurde festgelegt, dass die Gärtnerei dem Heim zur Verfügung gestellt wurde, um eine Ernährungsgrundlage für die Kinder zu schaffen. Aus diesem Grund kam »eine Zurverfügungstellung an die VdgB […] nicht mehr in Frage«[54]. Doch schon am 4. Dezember folgte ein Schreiben, das die Gutsgärtnerei endgültig der VdgB übergab – inklusive Gärtnerei, Gemüseland und einem Hektar Koppel als Landzulage für die Errichtung einer Deckstation. Das Kinderheim erhielt den im Park befindlichen Gemüsegarten.[55]

Ähnlich widersprüchliche Beschlüsse gab es auch für andere Gegenstände und Gebäude des ehemaligen Rittergutes. Am 17. Mai 1947 wurde die Anfrage der Rauhfutter-Großhandlung Unverhau aus Grünau, bzgl. des Verkaufs der Häckselmaschine, nicht genehmigt, obwohl die Firma das Ernährungsamt Köpenick mit Heu und Stroh belieferte. Die Absage wurde damit begründet, dass Geräte nicht aus dem Kreis Teltow ausgeführt werden dürften und sämtlich der VdgB gehörten.[56] Ein weiteres Beispiel findet sich für den 14. November 1947. In diesem Fall machte die Brandenburgische Landbaugesellschaft dem Bürgermeister den Vorschlag, Tischlermeister Abel in zwei der Garagen Arbeits- und Wohnraum zur Verfügung zu stellen. Am 28. Januar des Folgejahres stellte Abel selbst einen Antrag an die VdgB Mahlow auf Übereignung des Vorderflügels des zum Abriss freigegebenen Speichers. Dieser sollte als Werkstatt ausgebaut und der Gewerbebetrieb für das Bauprogramm der Neubauernstellen verwendet werden.[57] Das »Bodenreformbauprogramm 1951«[58] war Bestandteil des Kampfes aller Werktätigen zur Erhaltung von Frieden und Wiederherstellung der Einheit Deutschlands. Die Erfüllung der gestellten Aufgaben war nicht Angelegenheit des

Kreisjugendamt/Jugendfürsorge
(Heime)/Be.

Mahlow, den 7.12.1946.
Glaswerdamm 64.
Tel. Mahlow 373.

Herrn
Foerster,
~~xxxxxxxxxxxxxxxxxx~~,
Leiter der Bodenreform,
M a h l o w .

Betr.: Kinderheim in Schenkendorf.

Das Mosse'sche Schloss in Schenkendorf war bis zum Einzug der Roten Armee verpachtet an die Reichsrundfunk-Programmüberwachungsstelle.

Das Schloss Schenkendorf besteht aus dem Schloss selbst und einem Pförtnergebäude sowie kleineren Stallungen. Ausserdem gehören 6 Morgen Park dazu.

Seit dem 1.September 46 befindet sich unser Kreiskinderheim in dem Schloss Schenkendorf. In dem Kinderheim befinden sich zurzeit 108 Kinder, in der Hauptsache Waisenkinder. Es stehen im Schloss 5 Schlafräume zur Verfügung, was für die Anzahl der Kinder nicht ausreicht. Es kommen laufend noch Kinder dazu, sodass unbedingt für mehr Schlafräume gesorgt werden muss.

Wie schon anfangs erwähnt, gehört zu dem Schloss das Pförtnergebäude. Dieses wird zurzeit von dem früheren Bürgermeister Behrend mit seiner Ehefrau bewohnt. Die Wohnung besteht aus 4 Zimmern und Küche. Bei der seinerzeitigen ersten Besichtigung des Schlosses durch Herrn Hussock und Herrn Derix wurde diesen von Herrn Dost geäussert, dass in das Pförtnergebäude eine Flüchtlingsfamilie einziehen würde. Es ist aber dann der ehemalige Bürgermeister Behrend, der im Ort Schenkendorf bereits eine Wohnung hatte, in das Pförtnergebäude eingezogen und zwar bewohnt er mit seiner Ehefrau diese 4-Zimmer-Wohnung allein.

Hierzu ist noch zu bemerken, dass das Pförtnergebäude an die Hauptlichtleitung und an den Hauptzähler mit angeschlossen ist und der Stromverbrauch für das Pförtnergebäude vom Schloss bisher stets mit bezahlt wurde.

Nach Prüfung der hygienischen Verhältnisse in dem Kinderheim durch die Provinzialverwaltung Mark Brandenburg und das Gesundheitsamt ist es erforderlich, dass für die Klein- und Kleinstkinder eine besondere Station eingerichtet wird. Zu diesem Zweck wird das Pförtnergebäude dringend gebraucht, das gerade für diesen Zweck durch seine Isolation sehr geeignet wäre. Hinzu kommt noch, dass das Heim überbelegt ist und unbedingt mehr Schlafräume eingerichtet werden müssen, da die Kinder fast durchweg zu zweien schlafen müssen. Dieses ist aus gesundheitlichen Gründen nicht aufrechtzuerhalten.

Wir möchten Sie aus den obigen Gründen nun bitten, darauf hinzuwirken, dass das Pförtnergebäude, das ja zu dem Schloss immer gehört hat, von der Familie Behrend geräumt und unserem Kinderheim zur Verfügung gestellt wird. Für eine beschleunigte Behandlung der Angelegenheit wären wir dankbar.

Der Landrat des Kreises Teltow
[Unterschrift]

Ein Beispiel für die Unzulänglichkeiten im Zuge der Vergabe des Pförtnerhauses, 7. Dezember 1946.

Einzelnen, sondern aller demokratischen und friedliebenden Kräfte und der Zusatzplan, parallel ausgegebenen zum Dorfwirtschaftsplan, musste unbedingt erfüllt werden.[59]

Die Beschlussvorlage Nr. 2 vom 25. Juni 1958 führte den Entschluss zur Hilfe für die örtliche LPG an – der LPG sollte kostenfrei ein Gebäude überlassen werden, das bis 31. Dezember 1957 an die Grenzpolizei verpachtet war. Bereits aus dem Protokoll der Gemeindevertretersitzung vom 13. November 1957 war zu entnehmen, dass die Rückgabe der Lagergebäude durch die Grenzpolizei gestattet wurde; im Gegenzug wurde die LPG verpflichtet, alle notwendigen Reparaturen selbst durchzuführen.[60] In derselben Sitzung wurde auch das Anliegen der Ortsgruppe des Deutschen Anglerverbands e. V. (DAV) auf Abriss des hinter der Brennerei liegenden Kesselhauses positiv beschieden. Über die gewonnenen Steine erhielt der DAV bis zur Deckung seines Bedarfs freies Verfügungsrecht.[61]

1957 wurde auf dem Gut ein Kulturraum eingerichtet, wo diese und weitere Beschlüsse gefasst wurden. Bis 1963 fanden die Sitzungen des Rates der Gemeinde abwechselnd auf dem ehemaligen Mosse´schen Gut oder in der örtlichen Gastwirtschaft statt.[62]

Die Nutzung des Gutes bis zum Ende der DDR

Nach Ende des Zweiten Weltkriegs dienten Güter wie Schenkendorf selten ihrer eigentlichen Bestimmung als Familiensitz.[63] Das Rittergut wurde bis 1989 verschieden genutzt; begonnen mit der Einrichtung eines Kinderheims, da von den Folgen des Krieges besonders Kinder und Jugendliche betroffen waren – Tausende zogen elternlos umher. Aus diesem Grund richtete das brandenburgische Provinzial-Jugendamt in Schlössern und Herrenhäusern die nach Flucht oder Vertreibung leer standen, dringend benötigte Unterkünfte ein.[64] Auch die Villa Mosse bot nach der Freigabe durch die Rote Armee am 1. September 1946 als Kreiskinderheim Waisen Obdach.[65]

1949 zog das Kinderheim aus und ein Jugend- bzw. Mädchenwerkhof ein;[66] untergebracht waren schwererziehbare Mädchen, die in der Nachkriegszeit »auf unredliche Weise versucht hatten ihren Lebensunterhalt zu verdienen«[67], kein intaktes Elternhaus besaßen und eine Ausbildung erhalten sollten. 1953 wurde der Mädchenwerkhof nach

Eingang des Schlosses zur Zeit der Grenztruppen auf dem Gut, Aufnahmedatum unbekannt.

Ludwigsfelde verlegt und anschließend, bis zum Mauerfall, Militär auf dem ehemaligen Rittergut untergebracht. Über diese 36 Jahre finden sich nur wenige und widersprüchliche Informationen.[68] Aufgrund von Platzmangel wurden zivile Gebäude requiriert und »neben Kasernen und Industrieanlagen ebenso zuvor enteignete Schlösser und Herrenhäuser zu Standorten der Grenzsoldaten umgenutzt, wozu das [...] Schloss in Schenkendorf«[69] zählte. Während der Zeit der militärischen Nutzung waren Teile der Grenzpolizei, ein Wohnheim der Grenztruppen (GT), die Propagandazentrale des Kommandos der GT, die Propagandakompanie (PK) 16, eine Diensthundeführ-

Probe des Hans Beimler Ensembles im Schlosspark, 1950er-Jahre.

rerschule und das Ensemble der Deutschen Grenzpolizei (DGP) dort einquartiert.[70]

Die Grenzpolizei wurde 1946 in der SBZ vorerst als lose Verbände gegründet. Die Kasernierung erfolgte ab 1948, administrativ waren die Verbände immer unterschiedlichen Behörden zugeordnet.[71] Am 16. Mai 1952 schied die Grenzpolizei aus dem Bereich der Hauptverwaltung der Grenzpolizei beim Ministerium des Innern (MdI) aus und wurde als DGP dem Ministerium für Staatssicherheit (MfS) unterstellt.[72] Bereits im Sommer 1952 wurden aus den Volkspolizeibereitschaften (VPB) Grundstrukturen der Landstreitkräfte gebildet. Um äußerlich die Erscheinung einer Polizeiformation zu wahren, erhielt der am 1. Juli geschaffene Vorläufer der Nationalen Volksarmee (NVA) den Tarnnamen Kasernierte Volkspolizei (KVP). Diese wurde nach sowjetischem Muster gegliedert, bewaffnet und ausgebildet.[73] Nachdem im Jahr 1955 unter Führung der SMAD eine osteuropäische Militärallianz gegründet und die DGP in eine schwerbewaffnete Militärorganisation umgewandelt worden war, wurden im grenznahen Bereich vielerorts Gebäude

Appell der KVP vor dem Schloss, 1950er-Jahre.

requiriert, um zumindest provisorische Unterbringungsmöglichkeiten zu sichern.[74] Die Kasernierung brachte nicht nur räumliche Konzentration auf vergleichsweise wenige Liegenschaften, sondern auch die perfekte Kontrolle über Ausbildung und politische Indoktrination der DGP, da diese als Bestandteil des Warschauer Paktes[75] im Kriegsfall die Grenze zur BRD verteidigen sollte.[76] Die gewählten Standorte lagen an der Nähe zu Berlin/West, dem Flughafen Schönefeld und dem benachbarten Pätz.[77] Die Pätzer Kaserne wurde ab Mitte der 1950er-Jahre systematisch für den Stab der DGP und ab 1961 für das Kommando der GT und das Stabsmusikkorps ausgebaut, da ab dem 15. September das Kommando Grenze der NVA die Aufgaben der DGP übernahm.[78] Die Offiziere und Soldaten führten ein vom Dorfleben abgeschottetes, autarkes Leben; die Verpflegung erfolgte von außen durch die NVA und es wurde sogar ein eigenes Kleinstklärwerk errichtet, da das Dorf selbst nicht an die Abwasserversorgung angeschlossen war.[79]

Von September 1953 bis zur Auflösung 1957 war unter Oberleutnant Kraus ein Aufbaukommando der Grenzbereitschaft auf dem Gut

Fundamente der Hundezwinger der Diensthundeführerschule der Grenztruppen, nach 2000.

untergebracht. Die Protokolle der Gemeindevertretersitzungen von 1957 bis 1963 verzeichnen, dass ein Teil der Gebäude bis dahin an die DGP verpachtet war.[80] Im gleichen Jahr wurde das Objekt an das zentrale Ensemble der DPG Hans Beimler[81] übergeben, das im Herbst 1961 im Erich Weinert Ensemble[82] (EWE) aufging. Von 1963 bis Februar 1971 war auf dem Gelände die Diensthundeführerschule der GT unter Kommando Major Möbius untergebracht – von dieser Zeit zeugen die steinernen Sockel der damals errichteten Hundezwinger und die Erinnerungen der Dorfbewohner. Berichtet wird u. a., dass sowohl das Führen der Hunde durch den Ort zum Trainingsplatz als auch die Haltungsmethoden bedrohlich wirkten.[83]

Ab 1968 war am Ort die PK 16 unter Major Frenzel, 1976 eine Fernseh- und Radiowerkstatt der Streitkräfte und ab 1973 ein Offizierswohnobjekt, das 1986 wieder aufgelöst wurde.[84] Weil ab 1973 am Standort Pätz wegen umfassender Bauarbeiten niemand untergebracht werden

Für das Militär errichtete Baracke im Schlosspark, nach 1973.

konnte, wurden die Berufssoldaten »im nahen ›Objekt Schenkendorf‹, dem westlich von Königs Wusterhausen gelegenen, im Jahre 1896 für Rudolf Mosse errichteten [sic!] und später für die Nutzung durch die NVA [sic!] enteigneten Schloss untergebracht. Auch wenn dieses selbst gleichzeitig saniert wurde.«[85] Dafür wurde im Park eine Doppelstockbaracke errichtet, die Platz für 75 Personen bot, und eine eingeschossige für 20 Personen; im Schloss selbst waren 37 Soldaten einquartiert. Insgesamt waren 132 Personen dort stationiert, wo die vormaligen Eigentümer großzügig mit Familienangehörigen, Freunden und Bekannten residiert hatten.[86]

Während der Zeit der militärischen Nutzung – ein genaues Datum ist nicht bekannt – kamen Angehörige der Erbengemeinschaft mit einem Dolmetscher nach Schenkendorf, um ihr Eigentum zu besichtigen, aber der Zutritt wurde ihnen verwehrt.[87] So mussten sie den Zusammenbruch der DDR und Beginn der Restitutionsverfahren in den neuen Bundesländern abwarten, ehe sie die Besitzungen in Augenschein nehmen, zurückfordern und -erhalten konnten.

Bis 1989 präsentierten sich die dort stationierten Teile der Grenztruppen betont als Eigentümer des Anwesens dar. Dies wird durch eine Begebenheit unmittelbar nach dem Mauerfall unterstrichen, als Soldaten versuchten, das Gut eigenmächtig zu verkaufen. Das unrechtmäßige Vorgehen konnte dank des schnellen Eingreifens von Bürgermeister Friese und Peter Fischer,[88] Sekretär der Jüdischen Gemeinde Berlin/Ost,[89] verhindert und das Anwesen nach Abschluss der Verfahren an die Erben rückerstattet werden.

1990 – Die Restitution

Zur Sicherung sämtlicher Ansprüche der Gläubiger von Mosse OHG und Mosse Stiftung GmbH war die Verpflichtung eingegangen worden, die Grundschulden auf den gesamten inländischen Grundbesitz der Familie in von der Treuhand[1] zu bestimmender Höhe und Fälligkeitsbedingungen einzutragen. Demzufolge wurde durch die Rudolf Mosse Treuhandverwaltung GmbH mit Schreiben vom 13. Dezember 1934 und 1. Februar 1935 die Zwangsversteigerung des Rittergutes Schenkendorf beantragt[2] und am 5. Februar 1935 angeordnet. Der Vermerk im Grundbuch erfolgte drei Tage später.[3] Dem wurde durch Felicia Lachmann-Mosse mit Schreiben von Juni und August 1935 widersprochen, doch die Anträge zur vorläufigen Einstellung lehnte das zuständige AG ab. Parallel begann die Rudolf Mosse Treuhandverwaltung GmbH mit dem Verkauf der Vermögenswerte.

Am 26. August 1935 wurden die ersten Parzellen aus dem Bestand des Rittergutes in Schenkendorf und Mittenwalde verkauft. Die Vertreter der Treuhandverwaltung GmbH erklärten, dass sie mit der Zwangsversteigerung beginnen würden, auch wenn die nach Grundbuchvorschriften erforderliche, notariell beglaubigte Vollmacht der Eigentümer nicht innerhalb drei Wochen vorliegen würde.[4] Die Verkäufe erfolgten auf Grundlage eines Einteilungsplanes, auf dem die Parzellen eingezeichnet und nummeriert waren, mit zunächst nur annähernden Angaben für Größe und Preis der Kaufflächen. Bezeichnenderweise war der zuständige Urkundenbeamte der nachmalige Ersteigerer Burchardt.

Allein das Schenkendorfer Beispiel verdeutlicht, dass die von der Erbengemeinschaft Mosse erhobenen Wiedergutmachungsforderungen umfangreich waren. Zunächst blieben sie freilich beschränkt auf BRD und Berlin/West, da der größere Teil der enteigneten Immobilien auf dem Gebiet der ehemaligen DDR und damit unerreichbar war.[5] Wegen der Restitution von enteigneten Liegenschaften und Familienvermögen war der Vertreter der Erbengemeinschaft George L. Mosse bereits zwischen 1949 und 1952 mehrmals in der BRD, um an Wiedergutmachungsverhandlungen teilzunehmen.[6] Doch wie verhielt sich die Situation bei der sogenannten zweiten Rückerstattungswelle nach 1990, die hauptsächlich die neuen Bundesländer betraf?

Da unter dem DDR-Regime keine Restitution erfolgte, gab es im Rahmen des Vermögensgesetzes eine nachholende Rückerstattung unter reaktiver Anwendung der Maßstäbe des westdeutschen Restitutionsrechtes.

Im Mittelpunkt standen Immobilien, bei denen das Landesamt zur Regelung offener Vermögensfragen der Aufklärung von Rückübertragungsansprüchen zuerst stattgab.[7] Bereits am 22. Oktober 1945 erschien die Verfügung VFin. 348/45 II. Ausgabe, in der ausgewiesen wurde, dass dem Reich verfallenes oder zugunsten des Reiches eingezogenes jüdisches Vermögen unter Verwaltung der Vermögensverwaltungsstelle (VVS) des Magistrats zu Berlin steht. Die VVS hatte vor Zusammenbruch des »Dritten Reiches« die Verwaltung dieser Grundstücke an die zuständigen Finanzämter übertragen, die ihrerseits private Hausverwalter einsetzten. Durch ein Rechtsgutachten der Abteilung VI des Justizwesens Potsdam vom 19. Oktober 1945 wurde festgelegt, dass die Rückgabe von verfallenem oder eingezogenem Vermögen nicht auf Grundbesitz beschränkt werden kann; die Frage über persönliches Vermögen muss gleichfalls entschieden werden. Über die Rückgabe der Grundstücke konnte nur die VVS entscheiden, da diese mit der Verwaltung des Gesamtvermögens befasst war.[8]

Durch die Gesetzgebung des nationalsozialistischen Regimes wurden jüdische Vermögenswerte auf verschiedene Art und Weise in die Hände privater Personen überführt. Hierbei handelte es sich um eine unmittelbare Einziehung bzw. Wegnahme von jüdischem Vermögen, des Weiteren um mittelbare Schädigung der deutsch- deutschen Bevölkerung durch Zwangsverkäufe oder sonstige Beschränkungen ihrer Handlungsfreiheit. Grundlage war die Verordnung über die Anmeldung von jüdischem Vermögen,[9] welche die Veräußerung von Betrieben und Grundeigentum unter Zwang vorsah und erhebliche Preisminderung zur Folge hatte.[10] Diese Verordnung[11] statuierte den Verlust der deutschen Staatsbürgerschaft und der Vermögensverfall den unmittelbaren

Übergang des Besitzes in Reichseigentum. Die Aufhebung dieser und ähnlicher Maßnahmen sowie deren Rechtswirkung erfolgte auf Anordnung des Alliierten Kontrollrats; bekanntgegeben in der »Deutschen Volkszeitung« vom 22. September 1945 – kein deutsches Gesetz durfte mehr Anwendung finden, wenn es zu Unrecht oder Ungleichheit durch Diskriminierung der Person aufgrund ihrer Rasse, Nationalität, Glauben oder Opposition zur Nationalsozialistischen Deutschen Arbeiterpartei (NSDAP) geführt hatte. Auch wenn die Gesetze durch den Beschluss des Kontrollrates nicht mehr rechtsgültig waren, bedeutete es nicht, dass die zur Zeit des »Dritten Reiches« eingetretenen Rechtswirkungen ohne Weiteres beseitigt wurden. »Das Eigentum […] fällt im Falle der Zwangsverkäufe nicht an den geschädigten Juden zurück. Auch muß im Falle einer Einziehung […] das Eigentumsrecht der öffentlichen Hand zunächst als fortbestehend anerkannt werden. Für alle Verwaltungsakte gilt der Grundsatz, daß selbst, wenn sie gesetzwidrig und unsittlich sind, solange rechtsverbindlich sind, bis sie wieder aufgehoben werden.«[12] Weiter wurde ausgeführt, dass die Rückgabe der Vermögenswerte an die Geschädigten nur erfolgte, wenn »die Provinzialverwaltung [sic!], welche nicht Rechtsnachfolgerin des Reiches ist, diese Vermögensstücke in ihrem eigenen Gewahrsam hat und nicht gehalten ist […], sie anderen öffentlichen Zwecken (Bodenreform) zuzuführen«[13].

Es war dringend zu beachten, dass die vollständige Wiedergutmachung von durch den Nationalsozialismus entstandenem Unrecht nicht zu gewährleisten sei. Die Bevorzugung einzelner Kreise durch ausnahmslose Erstattung kam nicht in Betracht und es musste »berücksichtigt werden, daß auf Grund der neuerdings ergangenen Verordnungen und Anordnungen der kapitalistische Vermögensbesitz weitgehend zerschlagen [wurde] (Bankensperre, Bodenreform) und daß kein Grund bestehen konnte, ihn in einzelnen Fällen oder für einzelne Gruppen wiederherzustellen«[14].

Eine besondere Schwierigkeit trat zutage, wenn die jüdischen Eigentümer nicht nach Deutschland bzw. in die DDR zurückkehrten oder angehörige Miterben nur Anspruchsberechtigte waren;[15] in beiden Fällen wurde keine volle Legitimation erteilt.

Gleichwohl war eine ordnungsgemäße Übergabe erforderlich, da die ehemaligen jüdischen Besitzer unter keinen Umständen mittels

Selbsthilfe in Besitz der Grundstücke gelangen sollten.[16] Die Rückgabe war möglich, solange der Besitz noch Eigentum des Reichs war. War dem nicht so und der Erwerber nahm das Recht des gutgläubigen Erwerbs in Anspruch, so ist dies juristisch vertretbar, moralisch jedoch indiskutabel, da die jüdische Abstammung der vormaligen Besitzer anhand des betreffenden Grundbuches nachvollziehbar war.[17] Aufgrund der durch die Siegermächte festgelegten Höhe der Reparationszahlungen kam eine Kaufpreiserstattung nicht infrage und wäre eher Verhöhnung denn Restitution gewesen. Deshalb sollten alle vor dem 25. April 1938 getätigten Verkäufe von jüdischem Großgrundbesitz mit einer Rückgabe en nature getilgt werden, wenn bestimmte Kriterien auf die Veräußerung zutrafen: Der Verkauf des Großgrundbesitzes musste in einem Missverhältnis zu seinem eigentlichen Wert stehen. Dies steht stellvertretend für die Ausnutzung der Notlage der Betroffenen oder bedeutet, dass der Käufer Mitglied der NSDAP oder Angehöriger einer anderen nationalsozialistischen Gruppierung war. In diesem Fall lag keine Schutzbedürftigkeit vor.[18]

Tatsache ist, dass auf die Situation der Lachmann-Mosses beides zutraf – und es gab sogar noch einen dritten Grund für die nicht erfolgte Restitution: die von der SMAD gepriesene Zerschlagung ehemaligen Großgrundbesitzes und damit verbundene Übergabe des Anwesens in Bodenfonds. Der Beschluss des Berliner Magistrats vom 7. Januar 1946 verordnete die Abwertung eines gesamtdeutschen Wiedergutmachungsgesetzes. In diesem Zusammenhang gab der Präsident der Zentralfinanzverwaltung der SBZ zu Protokoll, dass »die Rückforderung [...] vorläufig auf Gegenstände beschränkt wird, die unmittelbar für eine Rückgabe gebraucht werden«[19] und nur auf Antrag der Geschädigten oder deren Rechtsnachfolgern gewährt werden. Das Interesse der Geschädigten an einer Rückgabe war höher zu werten, wenn sie das Grundstück zum allgemeinen Nutzen, insbesondere zum Wiederaufbau der Wirtschaft einsetzen wollten.[20]

Nach dem Zusammenbruch des »Dritten Reiches« hätte es darum gehen sollen, auf beiden Seiten der Mauer – nicht nur auf dem Gebiet der BRD – das der jüdischen Bevölkerung geraubte und enteignete Eigentum zurückzuerstatten; zumindest dort, wo eine bürgerliche Eigentumsordnung fortbestand. Dies hätte rechtliche und moralische

Notwendigkeit sein müssen, die ein gewisses Maß an Eigentumssicherheit wiederherstellt, um eine liberale Marktwirtschaft zu gewährleisten.

Doch bei beiden Restitutionswellen, sowohl in den 1950er-Jahren in den alten als auch in den 1990er-Jahren in den neuen Bundesländern, differierten die Meinungen über das Ausmaß der tatsächlich geleisteten Rückerstattung. Im Kern dieser langwierigen Frage stand die Schuldzuweisung. Wer war verantwortlich: Der Staat, die Partei oder in gewissen Teilen die Gesellschaft? Besonders umstritten waren Zwangsenteignungen, die vor 1938 stattgefunden hatten.[21] Auch erfolgreiche Rückerstattung führte meist nicht dazu, dass ehemalige Eigentümer ihren früheren Besitz zurückerhielten bzw. zurückerhalten konnten; entweder, weil sie bereits verstorben waren, oder, weil die Erben sich in anderen Ländern ein neues Leben aufgebaut hatten.[22]

So auch bei der Erbengemeinschaft Mosse. Die Angehörigen waren inzwischen in der ganzen Welt beheimatet und verspürten keine sentimentalen Anwandlungen, wenn sie in Deutschland oder Schenkendorf waren.[23] Wenn auch keine emotionale Bindung an die alten Besitzungen bestand, verzichtete die Erbengemeinschaft nach der Maueröffnung weder in Dyrotz noch in Schenkendorf auf die enteigneten Grundstücke. So mussten die von den Wiedergutmachungsansprüchen betroffenen Bauern in beiden Ortschaften für ihr Empfinden recht bittere Erfahrungen sammeln. Im Besonderen bei der damals noch nicht abgeschlossenen, vermögensrechtlichen Abwicklung von nach 1948/49 LPGs zugewiesenen Land- und Rittergütern oder anderweitigem Nießbrauch.[24] Die Problematik wird anhand der Restitution der beiden zum Mosse'schen Besitz gehörenden Rittergüter Schenkendorf und Dyrotz veranschaulicht.

Die Wiedergutmachung in Schenkendorf

Dass die Nachfahren Felicia Lachmann-Mosses ihre Besitzungen in Schenkendorf rückerstattet bekamen, ist folgerichtig, da sie ihnen zweimal durch ein Regime unrechtmäßig genommen wurden. Doch selbst George L. Mosse betrachtet die vollständige Restitution als historische Wiedergutmachung und Wunder – und bezeichnet sie als unvorhersehbare Ironie der Geschichte.[25]

Das Vermögen der Familie wurde, bis auf die bewegliche Habe, Stück für Stück zurückerstattet, ebenso die Immobilien, die Rudolf Mosse erworben und vererbt hatte. Darauf bezogen sagt George, dass der Großvater es noch einmal geschafft habe, die Mosses zu einer vermögenden Familie zu machen.[26]

In der BRD hatte die Nachkriegsregierung Verfahren eröffnet, an deren Ende durch das »Dritte Reich« beschlagnahmte Vermögenswerte wieder ihren rechtmäßigen Besitzern rückerstattet wurden. Der gleiche Vorgang begann nach dem Zusammenbruch des SED-Regimes auf dem Gebiet der ehemaligen DDR.

George blieb von den Rückerstattungsverfahren nach 1945 und 1989 persönlich unberührt. Eine Rückkehr an diesen Ort der Kindheit zog er ebenso wenig in Betracht wie in die Stadtvilla Maaßenstraße.[27]

Bei der Wiedergutmachung war die Position der Familie anfänglich wegen der schlechten wirtschaftlichen Lage des Verlags 1932 geschwächt, doch wurde in den Urteilsbegründungen wiederholt festgestellt, dass die nationalsozialistische Übernahme nicht verhindert werden konnte – der gesamte Besitz wäre in jedem Fall arisiert worden.

Das Anwesen der Familie war aber nicht nur im Zuge der Bodenreform, sondern bereits durch die Nationalsozialisten parzelliert und über verschiedene Institutionen veräußert worden. Zur Verdeutlichung folgt ein Fallbeispiel aus dem Ort Schenkendorf,[28] das sich auf die Restitution von vier Flurstücken bezieht.[29]

Im Mai 2001 wurde die betreffende Person vom Amt zur Regelung offener Vermögensfragen darüber in Kenntnis gesetzt, dass gemäß § 30 Abs. 1 i.V. mit § 1 Abs. 6 des VermG am 21. September 1990 Antrag auf Rückübertragungsansprüche durch die Erben Felicia Lachmann-Mosses gestellt wurde.[30] Genauer waren es drei Antragsteller: Die University of Wisconsin Foundation, Frau Joy Mosse[31] und die Hilde L.-Mosse Foundation, in Deutschland vertreten durch Rechtsanwalt Grischa Worner.[32]

Die vier Flurstücke, als drei Parzellen erworben (1.621 Quadratmeter; 13.134 Quadratmeter und ca. 6.000 Quadratmeter),[33] waren den Ländereien der Güter Schenkendorf und Gallun zugehörig.

In den amtlichen Schreiben wurde darauf verwiesen, dass der von der Erbengemeinschaft gestellte Entschädigungsanspruch nicht von der betreffenden Person, sondern aus Mitteln des Entschädigungsfonds gewährleistet werde. Es wurde festgestellt, dass den Antragstellern aufgrund des Eigentumsverlustes grundsätzlicher Anspruch auf Entschädigung gemäß § 1 Abs. 1 des NS-Verfolgtenentschädigungsgesetzes (NS-VEntschG) zustehe; die Höhe entschied das Oberfinanzdirektorium Berlin.

Mit Schreiben vom 21. September 1990 wurde Antrag auf Rückübertragung der Vermögenswerte gestellt,[34] die noch am 30. Januar 1933 als Dominium Felicia Lachmann-Mosses verzeichnet waren, da sie aufgrund der letztwilligen Verfügung ihres Vaters vom 17. November 1924 Eigentümerin war.

Am 8. März des Jahres war per Gesellschaftsvertrag die Rudolf Mosse Stiftung GmbH gegründet worden; mit dieser Gesellschaft schlossen die Lachmann-Mosses einen Pachtvertrag über die Nutzung ihrer gesamten Liegenschaften. Dadurch erhielt die Rudolf Mosse Stiftung GmbH das Recht, die Grundstücke auf 15 Jahre zu verwalten und deren Ertrag an das Reichsarbeitsministerium zur Unterstützung der Opfer des Weltkriegs zu zahlen.[35] Dieser Pachtvertrag wurde am 5. Mai 1933 durch einen Nießbrauchvertrag ersetzt, damit sämtliche Vermögenswerte zur Befriedigung der Gläubiger herangezogen werden konnten. Am 14. November 1933 hatte die Rudolf Mosse Stiftung GmbH die Eröffnung eines Vergleichsverfahrens zur Abwendung des Verlagskonkurses beantragt; im Rahmen dieses Liquidationsverfahrens wurden am 4. und 8. Januar 1934 sogenannte Auseinandersetzungs- und Treuhandverträge geschlossen und mit diesen das gesamte Vermögen den Insolvenzgläubigern als Haftungsobjekt zur Verfügung gestellt – rückwirkend zum 13. September 1933.[36]

»Parallel dazu wurde durch die Rudolf Mosse Treuhandverwaltung GmbH mit dem Verkauf von Vermögenswerten, die sich im Eigentum von Felicia Lachmann-Mosse befanden, begonnen.«[37] Am 28. Juni erschienen in der Siedlungssache Schenkendorf mehrere Käufer bzw. deren Vertreter; ebenso der schlussendliche Käufer dieser drei Parzellen. Im November 1959 wurde rückwirkend ein Grundstücksüberlassungsvertrag zwischen ihm und seiner Tochter geschlossen. Diese war daraufhin ab Juli 1955 offizielle Eigentümerin; 1981 wurden die Grundstücke an die Urenkelin vererbt, die aufgrund der Erbscheine des staatlichen Notariats Königs Wusterhausen im August 1993 als Eignerin eingebracht wurde.[38]

Die Antragsteller der Restitution, die Erben Felicia Lachmann-Mosses, sollten zu je einem Drittel begünstigt werden. Sie legten bei den zuständigen Behörden einen gemeinschaftlichen Erbschein vor, anhand dessen und der Aktenlage ihnen ausreichende Bevollmächtigung bezeugt wurde.

Voraussetzung für die Rückerstattung war der verfolgungsbedingte Vermögensverlust der Rechtsvorgänger der Antragsteller zwischen dem 30. Januar 1933 und dem 8. Mai 1945. Gemäß § 1 Abs. 6 S. 2 VermG galt die Vermutung, dass Vermögensverluste bei rassisch verfolgten Personen einzig verfolgungsbedingt eintraten. Diese Vermutungsregelung verwies auf Art. 3 und 4, Abs. II der Rückerstattungsanordnung des Landes Berlin (REAO) bzgl. Rückerstattung feststellbarer Vermögensgegenstände an Opfer der nationalsozialistischen Unterdrückungsmaßnahmen aus dem Jahr 1949. Gemäß Art. 3 Abs. 1 b REAO wurde bei Personen, die zu einem aus rassischen Gründen verfolgten Personenkreis gehören, kollektive Verfolgung unterstellt. Als jüdische Bürgerin war Felicia Lachmann-Mosse dem also zugehörig und unterlag ab dem 30. Januar 1933 der kollektiven Verfolgung durch den nationalsozialistischen Staat.[39]

Wenn vermutet wurde, dass verfolgungsbedingter Vermögensverlust vorlag, es sich gemäß § 1 Abs. 6 VermG um Zwangsverkauf handelte, bestand seitens der Erwerber bzw. dessen Rechtsnachfolger die Möglichkeit, diese Vermutung zu entkräften. Bei Widerlegung der Mutmaßung der verfolgungsbedingten Veräußerung, müssen rechtlich zwei Zeiträume unterschieden werden. Vom Tag der Machtergreifung der Nationalsozialisten bis 14. September 1935 und vom 15. September 1935 bis Ende des Zweiten Weltkriegs und der deutschen Kapitulation.[40]

Der Verkauf der Parzellen erfolgte am 28. Juni 1935. Deswegen wurde in diesem Fall zum Zweck der Widerlegung des verfolgungsbedingten Vermögensverlustes die sog. einfache Vermutungsregelung angewandt: Diese »kann nur durch den Beweis widerlegt werden, daß der Eigentümer des Grundstücks beim Verkauf einen angemessenen Kaufpreis [erhielt] und über ihn frei verfügen konnte.«[41]

Der Verkauf erfolgte, obwohl keine Vollmacht der grundbuchamtlichen Eigentümerin vorlag und Felicia Lachmann-Mosse »nicht die Absicht hatte, ihre Grundstücke zu veräußern. Weiterhin wird deutlich, daß auch der Kaufpreis nie in […] freie Verfügbarkeit […] gelangte«[42]. Die Erbengemeinschaft wurde nach dem VermG als berechtigt eingestuft.

Dem dadurch gegebenen Rückübertragungsanspruch stand der sogenannte redliche Rechtserwerb entgegen.[43] Das bedeutet, dass sich eine Rückübertragung ausschließt, wenn natürliche Personen nach dem 8. Mai 1945 in redlicher Weise Eigentum oder dingliche Nutzungswerte an dem Vermögenswert erwarben. In diesem Fall war schon der Rechtserwerb durch die Tochter redlich, da sie weder § 4 Abs. 3 VermG erfüllte,[44] noch andere Umstände wie z. B. Manipulation erkennbar waren, die auf Unredlichkeit gemäß § 4 Abs. 2 Satz 1 VermG hindeuteten. Also lag bereits beim Vollzug des Vertrages zwischen dem Käufer und seiner Tochter redlicher Erwerb im Sinne des VermG vor – die Übertragung an die Urenkelin war zur Klärung der Sachlage nicht von Belang und für die Rückübertragung der Vermögenswerte war Ausschlussgrund gemäß § 4 Abs. 2 Satz 1 VermG gegeben.[45] Es wurde festgestellt, dass der Erbengemeinschaft Anspruch auf Entschädigung nach der Maßgabe des NS-VEntschG § 1 Abs. 1 iVm. Abs. 5 vom 27. Januar 1994 zustand. Für den Entscheid über Höhe und Art des Anspruchs war die Oberfinanzdirektion Berlin zuständig und nach Mitteilung des Ausgleichamtes wurden die Ausgleichszahlungen für diese und andere, vormalige Vermögenswerte der Lachmann-Mosses gemäß § 38 Abs. 1,2 S. 1,3 VermG getilgt.[46]

Werden Stimmen aus dem Ort gehört, ergibt sich jedoch, dass nicht allen Bauern redlicher Erwerb bestätigt werden konnte. Vom Heimatverein Schenkendorf und Krummensee e. V. wird berichtet, dass einige Betroffene vor die Wahl gestellt wurden, das Grundstück zu verlassen oder zu bestimmten Konditionen von der Erbengemeinschaft zu erwerben. Einige Betroffene äußerten die Ansicht, dass diese »keinerlei Interesse hatte im Ort irgendetwas zu tun, sondern das Gelände nur schnellstmöglich loswerden wollte.«[47]

Auch wenn die Situation für die betroffenen Bauern nicht einfach nachzuvollziehen war, darf nicht vergessen werden, dass sie wahrscheinlich gar nicht im Besitz dieser Ländereien gewesen wären, wäre die Tochter Mosses nicht aufgrund rassischer Motive enteignet und die Vermögenswerte zwangsveräußert worden oder es nach Zweiten Weltkrieg statt erneuter Enteignung Restitution gegeben hätte.

Zwei Beispiele verschollen geglaubter Kunstgegenstände

Der unter dem nationalsozialistischen Regime enteignete Besitz der Lachmann-Mosses beschränkte sich nicht nur auf Immobilien, sondern betraf ebenso die Kunstsammlung, das Inventar und die immobilen Gegenständewie die Beispiele von Mosse-Brunnens und Marmornen Windspielen verdeutlichen. Am 29. und 30. Mai 1934, kaum ein Jahr nach der Flucht der Familie, wurde die gesamte Kunstsammlung im Rudolph Lepke Kunst-Auctions-Haus zur Versteigerung gestellt.[48] Davon ist ein Katalog mit ca. 40 Abbildungstafeln überliefert, in dem mehr als 100 Gemälde des 19. Jahrhunderts, Gobelins, ostasiatische Kunstwerke, Stickereien, Möbel aus dem 16. Jahrhundert u. v. m. gelistet sind. Insgesamt umfasste diese Lizitation, von der Kunsthistoriker im Gegensatz zur Erbengemeinschaft wussten, mehr als 500 Positionen.[49] Im Katalog wird ausgeführt, dass alle Gegenstände dem Auktionshaus Lepke durch die Rudolf Mosse Treuhandverwaltung GmbH, jener nationalsozialistischen Gesellschaft, die das Verlagshaus liquidierte und die Immobilien verkaufte, übergeben worden waren. So gelangte wahrscheinlich auch der Jugendstilbrunnen »Die drei tanzenden Mädchen«[50] in unrechtmäßigen Besitz. 1934 kam der Brunnen in den Garten der Privatvilla Emil Georg von Stauß,[51] Bankier der Deutschen Bank, die an diversen Arisierungen – u. a. auch beim Mosse-Konkurrenzunternehmen Ullstein – beteiligt war. Das Anwesen im Grunewald diente später als Dienstvilla der BRD-Außenminister. In der Zeit, als Klaus Kinkel das Amt bekleidete, wurde das Erbstück entdeckt und restituiert.

Auch wenn George »keine große Hoffnung [hatte], all die Kunstwerke überhaupt ausfindig zu machen«[52], deren Wertigkeit im sechsstelligen Bereich lag, führte mitunter der Zufall zur Wiederfindung der geraubten Kunstwerke. Wie im Fall der Marmornen Windspiele, zweier steinerner Hundeskulpturen, die früher die Treppe des rückwärtigen Eingangsportals der Villa rahmten.[53] Diese hatte wahrscheinlich der

Die Marmornen Windspiele; oben mit George L. Mosse, 1928.

Bruder Rudolfs, Dr. Albert Mosse, Geheimer Justizrat und Vorsitzender der Hochschule für die Wissenschaft des Judentums, von einem seiner beruflichen Aufenthalte aus Japan mit nach Schenkendorf gebracht.[54] Die Skulpturen galten lange als verschollen und fanden sich im Depot des Museums für Asiatische Kunst in Dahlem[55] – eine der beiden unversehrt, die andere mit (ab-)gebrochenen Läufen.[56]

Nachdem abschließend geklärt war, dass die Windspiele tatsächlich zum Schlosspark der Mosses und somit der Familie gehörten, wollte das Museum die Materialfrage prüfen. Es sollte eruiert werden, ob die Figuren aus über England nach Deutschland verschifftem, chinesischem Gestein oder Marmor aus der Schorfheide gefertigt wurden. Nach anschließender Reparatur sollten sie nicht an einen aktuellen Schlosseigentümer, sondern an die Nachfahren zurückgegeben oder zur Ausstellung im Museum gelangen.[57]

Die regional verbreitete Darstellung, die Angehörigen der Grenztruppen hätten die Skulpturen in 1950er-Jahren eigenmächtig nach Berlin/West verkauft, ist falsch. Dies ist ersichtlich daran, dass die Bemühungen vonseiten der Ostasiatischen Sammlung des Pergamon Museums fokussiert wurden und der Verkauf innerhalb der Grenzen der DDR erfolgte.

Im November 1953 begann der Schriftverkehr, der erste Informationen zu den sogenannten Übergabeverhandlungen beinhaltete, die 1957 abgeschlossen wurden. Am 28. Juni 1955, nachdem 1954 bereits ein Kontroll- und Warenbegleitschein ausgestellt worden war,[58] erging eine Übernahme-Bescheinigung durch die Hauptverwaltung der verfügungsberechtigten DGP an die Staatlichen Museen Berlin/Ost, mit dem Hintergrund, die »auf dem Gelände der Einheit befindlichen Steinplastiken chinesischer Herkunft […] in Gewahrsam zu nehmen und für die museale Arbeit auszuwerten«[59]. Die Antwort »bestätigte, dass sich die Übernahme der beiden Steinplastiken durch die Staatlichen Museen in Einhaltung der Verordnung zur Erhaltung und Pflege der nationalen Kulturdenkmale (Denkmalschutz) vom 26. Juni 1952 vollzog«[60].

Im September bestätigte das Staatssekretariat für Staatssicherheit die Verständigung der Dienststelle Schenkendorf und dass »einer Übernahme […] nichts mehr im Wege steht«[61]. Im Sommer 1957 stellte der Direktor des Museums bei Aktendurchsicht fest, dass die seit 1954

Wilhelm Stoiber
Maurermeister und Architekt
Baugeschäft
Fernsprecher: 63 03 48
Neue Rufnummer: 64 43 38

Bank-Konten:
Berliner Stadtkontor, Zweigstelle Grünau, Berlin-Grünau, Adlergestell (Ecke Bohnsdorfer Straße), Konto-Nr. 3099 und
Sparkasse der Stadt Berlin, Sparkasse 161, Berlin-Köpenick, Spargirokonto-Nr. 1658
Postscheck-Konto: Berlin 233534
Bankkonto: Berliner Volksbank
G. m. b. H. Filiale Köpenick
Bank-Kenn-Nummer
Konto-Nummer: 50-4074
Postscheckkonto: Berlin 55262

Nowa,

S C H E N K E N D O R F
Übergabe der
Steinplastiken

A N G E B O T Nr. 263/57

Betr.: Abbau, Verladung u. Transport von 2 Stück chinesischen Hunde-Plastiken vom Schloß Schenkendorf nach den Staatlichen Museen

1) 2 Stück	Hunde-Plastiken aus Marmor auf einer ca. 78/158 cm gr. u. 1o cm strk. marmornen Grundplatte ruhend, insg. je ca. 1,25 t schwer, unter Aufsicht des Restaurators vorsichtig vom vorhd. Fundamentsockel mittels eingespannter u. verbolzter Flacheisen-ummantelung u. eingestemmter Unterkonstruktion mit Winden, 6 m-Hebebock u. Flaschenzug abheben, auf ein vorgefertigtes Transportgestell setzen u. mit 1 m hohen Transportböcken, Bohlenbelag, Flaschenzug u. Walzen stückweise vorsichtig auf den LKW rücken u. verladen, zu den Staatl. Museen nach Berlin ca. 47 km weit fahren, an der Restauratoren-Werkstatt nach Anweisung abladen u. in den Raum bis 5o m weit transp. u. abstellen	Stück 1175,5o	2.350, -
2) 2 "	Stahlbetonplatten, je 1,65/o,95 m gr., o,15 m strk., ca. o,5o t schwer, an 3 Seiten mit Wassertropfkante einschalen, als Platte kreuzweise armiert mit Gußbeton i.M.V. 1:4 herstellen bzw. gießen, die Oberfläche nach 3 Seiten im Gefälle abschrägen u. glattreiben. Nach erfolgter Abbindezeit 3 Stirnseiten scharrieren, wie vor auf LKW heben, nach Schenkendorf fahren, abladen u. auf die Treppenwangen bzw. auf die alten Fundamentsockel der ehem. Hunde-Plastiken in Z-Mörtel verlegt untermauern u. an 3 Seiten verputzen, einschl. Materiallieferung	Stück 315,75	631,5o
			2.981,5o
3)	Für Baustelleneinrichtung u. -Räumung 3 % von 2.981,5o =		89,45
		Angebotssumme:	DM 3.070,95

Berlin, den 28.10.57
Wilhelm Stoiber, Baugeschäft
Berlin-Bohnsdorf, Wachtelstraße 21

Angebot der Firma Stoiber,
das im Dezember realisiert wurde, 28. Oktober 1957.

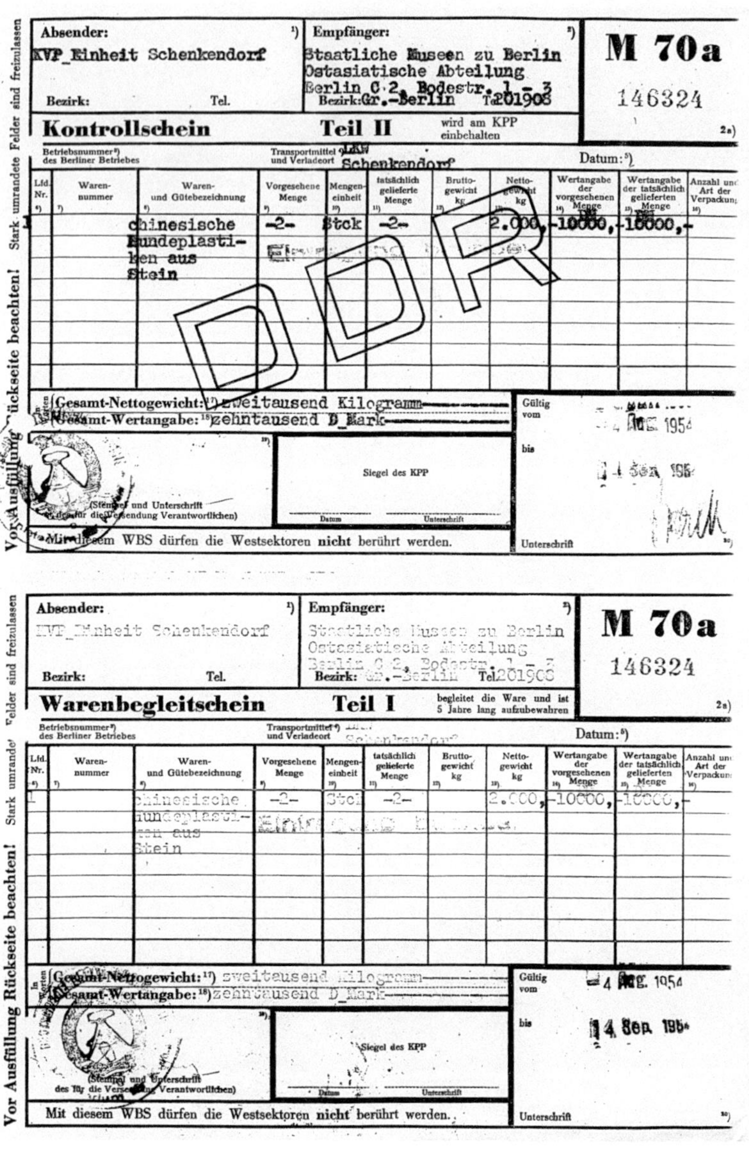

Stark umrandete Felder sind freizulassen

Vor Ausfüllung Rückseite beachten!

Absender: [1]
KVP_Einheit Schenkendorf
Bezirk: Tel.

Empfänger: [1]
Staatliche Museen zu Berlin
Ostasiatische Abteilung
Berlin C 2, Bodestr. 1 – 3
Bezirk: Gr.-Berlin Tel. 201903

M 70a
146324
2a)

Kontrollschein **Teil II** wird am KPP einbehalten

Betriebsnummer[2] des Berliner Betriebes
Transportmittel und Verladeort LKW Schenkendorf
Datum:[3]

Lfd. Nr. [6]	Warennummer [7]	Waren- und Gütebezeichnung [8]	Vorgesehene Menge [9]	Mengeneinheit [10]	tatsächlich gelieferte Menge [11]	Bruttogewicht kg [12]	Nettogewicht kg [13]	Wertangabe der vorgesehenen Menge [14]	Wertangabe der tatsächlich gelieferten Menge [15]	Anzahl und Art der Verpackung [16]
1		chinesische Hundeplastiken aus Stein	-2-	Stck	-2-		2.000,-	10000,-	10000,-	

DDR

(in Worten) Gesamt-Nettogewicht:[17] zweitausend Kilogramm
Gesamt-Wertangabe:[18] zehntausend D_Mark

Gültig vom 14 Aug. 1954
bis 14 Sep. 1954

(Stempel und Unterschrift des für die Versendung Verantwortlichen)

Siegel des KPP
Datum Unterschrift

Unterschrift

Mit diesem WBS dürfen die Westsektoren **nicht** berührt werden.

Stark umrandete Felder sind freizulassen

Vor Ausfüllung Rückseite beachten!

Absender: [1]
KVP_Einheit Schenkendorf
Bezirk: Tel.

Empfänger: [1]
Staatliche Museen zu Berlin
Ostasiatische Abteilung
Berlin C 2, Bodestr. 1 – 3
Bezirk: Gr.-Berlin Tel. 201903

M 70a
146324
2a)

Warenbegleitschein **Teil I** begleitet die Ware und ist 5 Jahre lang aufzubewahren

Betriebsnummer[2] des Berliner Betriebes
Transportmittel und Verladeort LKW Schenkendorf
Datum:[3]

Lfd. Nr. [6]	Warennummer [7]	Waren- und Gütebezeichnung [8]	Vorgesehene Menge [9]	Mengeneinheit [10]	tatsächlich gelieferte Menge [11]	Bruttogewicht kg [12]	Nettogewicht kg [13]	Wertangabe der vorgesehenen Menge [14]	Wertangabe der tatsächlich gelieferten Menge [15]	Anzahl und Art der Verpackung [16]
1		chinesische Hundeplastiken aus Stein	-2-	Stck	-2-		2.000,-	10000,-	10000,-	

(in Worten) Gesamt-Nettogewicht:[17] zweitausend Kilogramm
Gesamt-Wertangabe:[18] zehntausend D_Mark

Gültig vom 14 Aug. 1954
bis 14 Sep. 1954

(Stempel und Unterschrift des für die Versendung Verantwortlichen)

Siegel des KPP
Datum Unterschrift

Unterschrift

Mit diesem WBS dürfen die Westsektoren **nicht** berührt werden.

Kontroll- und Warenbegleitschein für den Abtransport der Marmornen Windspiele, 14. September 1954.

geplante Übergabe nicht realisiert wurde. Er bat umgehend um Klärung, da das Museum die Skulpturen zur Eröffnung einer Ausstellung brauchte und merkte an, »dass die Plastiken sofort der Öffentlichkeit zugänglich gemacht […] und [sie deswegen] großen Wert auf ihren Besitz legen«[62].

Das Museum wurde durch die DGP an das MdI verwiesen, da nur dieses die Entscheidung zur Umlagerung treffen konnte. Das MdI teilte der Ostasiatischen Sammlung am 31. Juli 1957 mit, »daß der Abgabe der Plastiken zugestimmt wurde«[63].

Daraufhin wurde das Baugeschäft Stoiber mit »Abbau, Verladung und Transport von 2 Stück chinesischen Hunde-Plastiken vom Schloß Schenkendorf nach den Staatlichen Museen [beauftragt]«[64]. Am 5. Dezember – nach fast vier Jahren – wurden die Hundeskulpturen überführt.

Ob die Steinplastiken tatsächlich zur Ausstellung gelangten, ist nicht rekonstruierbar, ebenso, ob neuerliche Initiativen zur Reparatur angedacht sind. Aktuell gibt es Verhandlungen zur Restitution.

Dyrotz – ein Vergleich

Dyrotz liegt im Gegensatz zu den Rittergütern Schenkendorf und Gallun nicht im Landkreis Dahme-Spreewald, sondern im Havelland und verfügte über eine kleinere Grundfläche von ca. 343 Hektar.

Urkundlich wurde Dyrotz erstmalig 1267 unter der Bezeichnung Doratz erwähnt. Im Jahr 1440 gingen die gutsherrlichen Rechte an Familie von Stechow, die das Gut 1536 an die Familie Ribbeck veräußerte. Es folgte, ähnlich zu Schenkendorf, eine Zeit häufiger Besitzwechsel. Anfang des 19. Jahrhunderts ging das Anwesen wieder zurück an die Ribbecks und es begann, nach einem Rittmeister von Höbe, die Zeit der letzten Rittergutsbesitzer auf Dyrotz – der Familie Mosse/Lachmann-Mosse.

Rudolf Mosse kaufte das Gut am 12. September 1893. Im Zuge der Errichtung des Truppenübungsplatzes Döberitz 1894/95 und des Baus der Eisenbahnersiedlung Elstal[65] 1918/19 verringerte sich der Besitz, da dafür Land abgetreten werden musste.[66] Während es den Mosses gehörte, fungierte es im Gegensatz zu seiner sonstigen landwirtschaftlichen Nutzung als Erholungsheim für Berliner Kinder.[67] Die Kinderheilstätte wurde 1904 eingerichtet, da Rudolf das Gutshaus mietfrei zur

Verfügung stellte. 1935, nach der Enteignung durch die Nationalsozialisten, wurden die Räumlichkeiten zu Wohnungen umgebaut[68] und im Erdgeschoss die Diensträume der Gemeindevertretung der Ortsgruppe der NSDAP untergebracht, wie die »Havelländische Rundschau« im Juli 1940 bildreich berichtete.[69]

Im Ort selbst wurde analog zu Schenkendorf voller Hochachtung von Mosse und seinen Erben gesprochen. Auch hier war er sozial engagiert: Er stattete die ortsansässigen Mädchen mit Konfirmationskleidern aus und lud alle Kinder zu einem jährlichen Weihnachtsfest auf das Gut. »›Der Mosse [...] hatte ein Herz für die einfachen Menschen‹, [...] [sagten die Einwohner [Anmerkung C.O.]]. Doch an Vergangenes denken die einfachen Menschen von Dyrotz heute kaum mehr, wenn sie darüber reden. Sie denken daran, daß sie Haus und Hof räumen müssen, wenn die Erben vom ›Juden‹ auf Entschädigung bestehen.«[70]

20 Familien waren nach 1990 von der Problematik unredlichen Erwerbs betroffen – auch wenn die Grundstücke in den 1930er-Jahren erworben worden waren.[71]

Noch 1932 hatte Felicia Lachmann-Mosse, die nach dem Tod ihres Vaters neben dem Verlag auch sämtliche Grundstücke verwaltete, versucht, dieses Gut zu verkaufen, um das Vergleichsverfahren abzuwenden, das sich durch die Insolvenzerklärung von Mosse OHG und Verlag aufdrängte.

Es ist ein Kaufpreis von 280.000 RM überliefert, der von dem Berliner Immobilienhändler Heinzel geboten wurde.[72] Da der Verkauf von landwirtschaftlichem Boden genehmigungspflichtig war und der Landrat des Kreises Osthavelland diese verweigerte, zogen sich die Verhandlungen bis 1934, als die Familie Deutschland längst verlassen und die Rudolf Mosse Stiftung GmbH alle Vollmachten für den Besitz übernommen hatte.[73] Die Landbank[74] ging gegen den Verkauf vor und sicherte sich 230 Hektar durch sogenannte Rentengutsverträge.[75]

Über diese Grundstücke entbrannte im Zuge der Wiedergutmachungsverfahren ein Streit, in dem geklärt werden musste, ob es sich bei den von den Restitutionsansprüchen überraschten Dyrotzern um redlichen oder unredlichen Erwerb handelte.

Als Beispiel kann ein Fall einer Familie aus dem Jahr 1996 gelten, deren Großvater auf dem Mosse´schen Gut beschäftigt war und 1934 für 15.000 RM die alte Stellmacherei und neun Hektar Ackerland aus dem ehemaligen Besitz der Familie gekauft hatte. Er und seine Familie zahlten die Rentengutsverträge bis weit in die 1950er-Jahre ab. Die Nachfahren argumentierten, dass es sich bei dem Kauf um redlichen Erwerb gehandelt habe, da sie das Land von einer Bank erworben hatten. Dass die Lachmann-Mosses enteignet wurden, war ihnen nicht bekannt, im Gegenteil: In der Umgebung habe es immer geheißen, die Mosses seien insolvent und hätten das Rittergut deswegen an die Landbank zum Weiterverkauf gegeben.

Tatsächlich war der Versuch der Lachmann-Mosses, das Gut selbst zu verkaufen, nicht erfolgreich gewesen und die Nationalsozialisten hatten in Dyrotz das Gerücht verbreitet, dass die Familie sich aufgrund des Konkurses zurückgezogen habe.

Paradox erschien, dass bei einem anderen Bauern, der 1972 ein Grundstück kaufte, redlicher Erwerb vorlag, wonach der Staat die Entschädigung übernahm. In diesem Zusammenhang muss auf das Urteil der Berliner Wiedergutmachungskammer aus dem Jahr 1955 verwiesen werden, in dem die Richter die Enteignung der Familie Mosse für rechtswidrig erklärten. Nach dem Fall der Mauer galt auch in den neuen Bundesländern: »Jüdisches Eigentum muß an den ursprünglichen Besitzer zurückgegeben werden, auch wenn die Rechte anderer Personen, die von dem begangenen Unrecht keine Kenntnis hatten, zurücktreten müssen.«[76]

Im konkreten Fall zeigte auch Ignatz Bubis,[77] Vorsitzender des Zentralrates der Juden in Deutschland, Verständnis für die Empörung der Dyrotzer Bauern. Doch verdeutlichte er, dass an Juden begangenes Unrecht wiedergutgemacht werden müsse, »auch wenn dadurch möglicherweise neues Unrecht entsteht. Mit dem muss sich dann aber der Rechtsstaat auseinandersetzen.«[78]

So versuchte der Rechtsanwalt der Erbengemeinschaft, eine Lösung für die Hofflächen zu finden, die für beide Seiten verträglich war. Die 20 Familien aus Dyrotz hofften, dass auf Rückerstattung verzichtet oder diese aus dem Entschädigungsfonds befriedigt werden würde. Leider ist keine konkrete Aussage über den tatsächlichen Ausgang der Vorgänge möglich, da die betreffenden Akten gesperrt und die nächsten Jahre nicht zugänglich sind.

Auch wenn es viele Parallelen zu Schenkendorf gibt, besteht gerade im Fall des Schlosses ein grundlegender Unterschied. Anders als beim Dyrotzer Gutshaus, das bis heute ausschließlich privat genutzt wird, war der Erbengemeinschaft in Schenkendorf wichtig, dass dieses Gut wieder öffentlich zugänglich wird. Schon im Zuge der Restitutionsverfahren hatte George L. Mosse konstatiert, dass nun »alle auf Besserung [hoffen], grübeln, was aus dem Schloß wird. Das gehört mir noch nicht wieder, aber die Frage bleibt, was daraus wird. Daran besteht großes Interesse, und mit Recht, denn es ist die potentielle Haupteinnahmequelle für den Ort. [...] Man muß [sic!] das Dorf wieder ankurbeln. Es gibt einen fähigen jungen Bürgermeister,[79] [...] aber es gibt keine Investitionen [...]. Alles ist ausgestorben, der Gutshof scheint verwaist.«[80]

Deshalb die Entscheidung für Prinz Kretzulesco, der Schloss und Park für die Allgemeinheit öffnen und so der Wirtschaft und dem Ort vergangenes Ansehen wieder verschaffen wollte.

1996 – Prinz Kretzulesco wird neuer Schlossherr

Nachdem die in Schenkendorf stationierten Grenztruppenteile noch 1989 versucht hatten, das Gelände eigenmächtig zu verkaufen, stand es längere Zeit leer. Mitte der 1990er-Jahre wurde es im Zuge der Restitutionsverfahren ebenso wie die anderen, vorerst durch die Nationalsozialisten und dann durch das Regime der DDR enteigneten Grundstücke an die Erbengemeinschaft rückerstattet.[1] Sowohl für die Erbengemeinschaft als auch deren Vertreter George L. Mosse war die Entscheidung klar, sämtliche Ländereien und Güter nach der Rückerstattung zu verkaufen – bedingt durch die 1933 zwangsweise erfolgte Entwurzelung.

Am schwierigsten war es, für das Rittergut Schenkendorf einen Käufer zu finden. Es gab inzwischen viele Landhäuser dieser Art, die zur Disposition standen. Erschwerend kam hinzu, dass das Gelände in der Zeit zwischen 1953 und 1989 als Militärobjekt genutzt wurde und dementsprechend heruntergekommen war.[2] Der desolate Status quo ante war nicht nur den durch die Grenztruppen erfolgten Ein- und Umbauten geschuldet. Schon in der unmittelbaren Nachkriegszeit hatte es kaum Mittel gegeben, die bauliche Substanz zu erhalten. Und auch die Nachwendezeit hatte dem Schloss zugesetzt, als es u. a. wegen des schwebenden Restitutionsverfahrens wieder Leerstand und Vandalismus ausgesetzt war.[3]

Bevor das Gut verkauft wurde, kam George L. Mosse mit sieben Begleitern nach Schenkendorf um sich dort umzusehen und mit ersten Interessenten zu treffen.[4] Neben Ottomar Rodolphe Vlad Dracula Prinz Kretzulesco, geb. Ottomar Berbig, der sich von der letzten Dracula Namensträgerin adoptieren ließ[5] und seitdem den transsilvanischen Adelstitel trug,[6] trat Heinz Herlitz von der Heag-Holding AG Berlin als zweiter Interessent in Erscheinung. Herlitz wollte das Schloss ausschließlich privat nutzen, Prinz Kretzulesco hingegen die Anlage öffnen und neben alten Gewerken auch Kultur ansiedeln.[7] Da auf diese Weise etwas entstehen sollte, was auch der Region zugutekommen würde, erhielt Prinz Kretzulesco den Zuschlag – am 27. Dezember 1994 kam die Bestätigung aus New York.

Der Prinz erwarb neben dem Gut auch den alten Gutshof.[8] 1995 wurden die Kaufverträge für Schloss und Park unterzeichnet, ein Jahr später für den Hof. Bereits 1995 wurde das Anwesen wieder für die Öffentlichkeit zugänglich und der Prinz begann mit dem Abriss der Anfang der 1970er-Jahre errichteten Baracken.[9] Er sanierte und renovierte das Schloss und eröffnete ein Restaurant mit Biergarten – die sogenannte Orangerie. Dies war Teil eines Nutzungskonzepts, welches das Rittergut wieder zu einem zentralen Ort in der Region machen sollte.[10] Auch George hatte nichts dagegen einzuwenden, dass dort, wo er einen Teil seiner Kindheit verbracht hatte, ein Dracula-Themenpark entstehen sollte. Eine wirtschaftliche Vermarktung war seiner Ansicht nach unumgänglich, da das ehemalige Rittergut finanziell sonst nicht haltbar wäre. Und als George L. Mosse 1998 letztmalig nach Schenkendorf zur symbolischen Schlüsselübergabe kam, zeigte er sich tief beeindruckt, als Prinz Kretzulesco ihn durch das Foyer und die Zimmer führte, an die er sich so gut erinnerte.[11]

Zwei steinerne Schilder mit den Initialen RM kündeten am Eingangsportal von der Vergangenheit des Schlosses und sollten dieser auch in der Zukunft einen Platz verschaffen.[12] Leider erfüllte sich die Hoffnung, Prinz Kretzulesco würde das Mosse-Anwesen zu ähnlichem Glanz erheben, nicht. Nach anfänglichen Erfolgen mit Ritterspielen, Mittelalterfesten und Blutspendenaktionen, zu denen die Menschen in Massen strömten, wenn »Dracula« zum Aderlass bat,[13] verlor sich das Interesse zunehmend. Die Freude über die Öffnung des Anwesens nach 41 Jahren hielt nur kurze Zeit an; ebenso wie die Hoffnung auf ein Wiedererblühen des gesamten Dorfes.

Seit 2006 ist es wie zuvor, nur noch möglich, das Gut von außen zu betrachten. Der Prinz hatte sich mit dem Objekt und dem in Planung befindlichen Themenpark verspekuliert.[14] Nach langer Insolvenz wurde 2006 die Zwangsverwaltung angeordnet, das Gut verschlossen und im August 2009 erneut zum Verkauf gestellt. Beim zweiten Zwangsversteigerungstermin am 19. Oktober 2009 wurde das Anwesen durch Georg Thaler im Namen der Dresdener Falstaf Vermögensverwaltung

George L. Mosse und Prinz Kretzulesco bei der symbolischen Schlüsselübergabe im großen Saal von Schloss Schenkendorf, 1998.

Aktiengesellschaft[15] (Falstaf) für 268.000 Euro erworben – knapp der Hälfte des ursprünglich festgesetzten Verkehrswertes.[16] Die Falstaf kaufte das Schloss, den Park und einen kleinen Teil des alten Gutshofs, den restlichen Teil der örtliche Pferdehof Weiher, der heute unter der Adresse Rudolf-Mosse-Weg 1 firmiert.[17]

Die Villa ist momentan in einem sehr desolaten Zustand – infolge von Einbrüchen und Verwahrlosung steht Wasser im Keller, die Wände sind feucht, teilweise beschmiert, das Dach marode; ein Brand kam hinzu.[18]

Es war verführt zu sagen, Prinz Kretzulesco würde als Retter des Gutes in die Orts-Chronik Schenkendorfs eingehen. Und auch wenn sich Ortsbeirat und Bewohner wünschen, dass das Schloss irgendwann wieder für die Öffentlichkeit zugänglich wird, so bleibt derzeit lediglich zu hoffen, dass das Anwesen nicht weiter verfällt, da sonst Abriss als letzte Möglichkeit bleibt.

Fazit

Wie am Beispiel Mosse/Lachmann-Mosse und dem Rittergut Schenkendorf ersichtlich wird, sind Familienforschung und Regionalgeschichte geeignete Gebiete, um bestehende historische Defizite aufzuarbeiten. So ist rekonstruierbar, was mit dem Gut nach 1933 geschah und wie im Zuge der beiden Enteignungen mit den Vermögenswerten verfahren wurde.

Anhand von Archivalien ist es möglich, die Lücke im Forschungsstand über den Zeitraum von 1896 bis 1996 zu schließen; jedoch wird nur unter Einbeziehung der Zeit davor und danach deutlich, dass die Thematik der Zwangsversteigerung sich bis heute wie ein roter Faden durch die Geschichte des Anwesens zieht.

Der thematische Abriss über Rudolf Mosse Verlag, Annoncenexpedition, Mäzenatentum usw. gibt Einblick in das wirtschaftliche und soziale Leben und Wirken des aufgeklärten Liberalen Rudolf Mosse. Sein ökonomischer Aufstieg erlaubte den großbürgerlichen Lebensstil, an dem Mosse bis zu seinem Tod neben der eigenen Familie auch die Menschen in seinem Umfeld teilhaben ließ. Zedaka bildete eine der wichtigsten Grundlagen seines Handelns und bedingte die vielfältigen Stiftungen und Unterstützungen, die er und seine Familie tätigten – ein Engagement, das seine Erben bis zu ihrer Flucht fortsetzten.

Bis 1932 waren den geschäftlichen Fundamenten der Familie Erfolg beschieden. Anschließend folgten die wirtschaftliche Krise und ab 1933, verbunden mit der Machtübernahme der Nationalsozialisten, die Arisierung sowohl der geschäftlichen als auch privaten Besitztümer. Diese vollzog sich zwar unter dem Deckmantel der Legalität – noch vor 1938 –, ging jedoch, wie an den Beispielen Schenkendorf und Dyrotz nachgezeichnet, mit Verleumdungen und gezielter Verbreitung von Gerüchten einher. Die Familie verließ ihre Güter unfreiwillig und durch die Flucht vollzog sich ein Bruch mit der eigenen Vergangenheit und Heimat – auch deswegen bezeichnet sich George selbst als »Ewiger Emigrant«. Die gewohnte Lebenswelt war über Nacht unwiderruflich zerstört und existierte nur in der Erinnerung; zudem sollten die Nachfahren erst nach mehr als 60 Jahren wieder in den Besitz ihrer Eigentümer gelangen.

Infolgedessen wurde der Fokus der Untersuchung auf drei Generationen gerichtet, da nicht nur Rudolf, der das Fundament schuf, sowie Felicia und Hans, die das Engagement weiterführten, sondern auch George mit seinen Erinnerungen unerlässliche Informationen über die Verbundenheit der Familie mit Schenkendorf gibt.

Dass das Dorf durch den Abbau von Braunkohle bereits vor dem Erwerb durch Rudolf Mosse wirtschaftliche Beachtung fand, ist fast ebenso unbekannt bzw. vergessen wie die Zeit der jüdischen Großgrundbesitzer im Dorf.

Als Rudolf Mosse das Gut kaufte, war diese Investition eine für die Zeit typische Kapitalanlage. Rittergüter waren ebenso Vorzeigebesitz wie der Titel eines Rittergutsbesitzers, der prestigeträchtig auf Geschäftspapiere und Visitenkarten gedruckt wurde. Solch ein Erwerb war keine Seltenheit unter jüdischen wie nicht-jüdischen Großindustriellen und Bankiers der Gründerzeit. Gleichwohl führte dieses Vorgehen zu Misstrauen und Ablehnung seitens des Adels, da dieser sich in seinem Stand bedroht sah. Entgegen des bestehenden Vorurteils wollte Mosse jedoch nicht in die Aristokratie aufsteigen; ihm waren in erster Linie die Pflege exklusiver Passionen, z. B. die Jagd, die Nutzung des Anwesens als Stätte kulturellen und intellektuellen Austausches und die Pflege des Mäzenatentums von Bedeutung. Er ist charakteristisches Beispiel für die Vertreter der jüdisch-bürgerlichen Gründergeneration, die an Konnubium mit dem Adel kein Interesse zeigten und Nobilitierung ablehnten. So war die Hauptintention für den Erwerb des Schenkendorfer Schlosses – neben der Schaffung eines privaten Refugiums – die Bildung eines gesellschaftlichen Treffpunkts im Berliner Umland.

In ihrem Schenkendorfer Domizil fühlte sich die Familie am wohlsten, was auch dem dort eingebrachten italienischen Landvillenstil und der idyllischen Parkanlage zuzurechnen war. Der wahrscheinlich zwischen den Jahren 1870 und 1896 errichtete Klinkerbau war dem großzügig gewünschten Raumkomfort der Besitzer angepasst und verfügte sogar über eigene Wohn- und Schlafzimmer für Kinder und Enkel. Nach der Übernahme durch Felicia und Hans wurden die acht im zweiten Stock befindlichen, Gästezimmer mit eigenen Bädern ausgestattet – ein für diese Zeit auch in derartigen Anwesen nicht oft anzutreffender Luxus.

Aber auch die 581 Jahre Ortsgeschichte, bevor das Rittergut zu einem exquisiten Anwesen wurde, sind interessant. Seit 1315 existierte dort ein Rittersitz und ab dem 17. Jahrhundert ein Rittergut. Rudolf Mosse ersteigerte es 1896 und verfügte, zusammen mit den Erwerbungen Gallun und Dyrotz, über eine Gesamtfläche von ca. 1.200 Hektar. Im Gegensatz zu diesen fast ausschließlich landwirtschaftlich genutzten Gütern fokussierte er in Schenkendorf einen gesellschaftlichen Schwerpunkt. Wegen seiner Vorliebe für den Ort und Zedaka wurde er neben der Firma Siemens, die noch die Reste der Braunkohlegrube Centrum betreute, zum zweitgrößten Arbeitgeber der das Dorf und die Anwohner unterstützte. Er spendete für die Arbeitslosen, stellte Land für den Bau von Verbindungswegen, unterstützte Vereine etc., ein Engagement, das von seiner Tochter und deren Ehemann bis 1933 weitergeführt wurde.

Das nachhaltigste Vermächtnis der Lachmann-Mosses ist die Stiftung zweier bronzener Glocken. Von diesen läutet eine noch heute, zumindest sonntäglich, und ist Zeuge davon, dass seit 1928 immer ein Stück der Familie im Dorf präsent ist. Die Stiftung der Glocken ist ein Beispiel dafür, dass auch nach der gesetzlichen Auflösung der Gutsbezirke und dem Verlust der Sonderstellung, das Engagement der Familie für Schenkendorf nicht geschmälert wurde.

Interessant ist, dass die Lachmann-Mosses nicht die ersten jüdischen Besitzer des Gutes waren, die die örtliche Kirche unterstützen. Bereits Flatau, bis 1873 Eigentümer des Anwesens, hatte diese mit einer Turmuhr und einer Orgel bereichert, wenn auch nur durch eine List. Rudolf Mosse ermöglichte durch finanzielle Unterstützung 1910 die Restaurierung der Kirche.

Kaum fünf Jahre nach der Glockenstiftung endete die direkte Verbundenheit der Familie mit dem Gut. Sie musste fliehen und wurde ihrer Besitztümer beraubt, auch wenn Arisierungen offiziell erst nach 1938 erfolgten. Das Rittergut wurde enteignet und 1935, gegen vehementen Widerstand der Lachmann-Mosses, an Landwirt und NSDAP-Mitglied Otto Burchardt zwangsversteigert. Bis zu seinem Verschwinden 1945 bewohnte dieser mit seiner Frau das alte Gutshaus und ließ das Anwesen von ehemaligen Angestellten der Familie verwalten. Diesen ist letztlich auch die Rettung einiger Möbelstücke sowie Kunstgegenstände zu verdanken.

Die erste Enteignung vollzog sich in offensichtlicher Ignoranz der Eingaben der Lachmann-Mosses und wurde erst 60 Jahre später für unrechtmäßig erklärt. Auch das dem Nationalsozialismus folgende DDR-Regime nutzte das Gut für eigene Zwecke ohne Rücksicht auf die eigentlichen Besitzer. So wurde das Rittergut unter beiden Systemen umgenutzt, ohne dass die Familie darauf hätte Einfluss nehmen oder es verhindern können.

1932 schien es, als habe Hans Lachmann-Mosse die Vorzeichen der drohenden Diktatur erkannt, doch war dies mehr Ausdruck momentaner Verzweiflung, denn rationaler Einsicht. Eine typische Haltung des deutsch-jüdischen, liberalen Bürgertums, dem es nicht vorstellbar war, dass das Land Goethes zu einem Instrument von Verbrechen und Vernichtung werden könnte – die Ursache lag in der lediglich latent empfundenen Isolation der deutschen Juden.

Doch in genau diesem, durch die Emanzipation errungenen, scheinbar sicheren Umfeld entstand der neue Antisemitismus, der diese entwertete und in zahlreichen Publikationen vor 1933 zu finden ist. Da Religion mehr der Familientradition geschuldet und eine Frage von Lebensstil war, weigerten sich die Lachmann-Mosses, wie viele andere ihres Standes, die jüdische Herkunft zu verleugnen. Sie sahen keinen Widerspruch darin, deutsch und jüdisch zu sein. Aus diesem Grund kam es für Hans nie in Betracht, Gelder der Firmen- und Familienkonten vorzeitig ins Ausland zu transferieren, da ihm dies wie Verrat an seiner Heimat erschien. Doch auch der Glaube an die Rechtsstaatlichkeit konnte die Familie nicht vor der Migration bewahren; noch in der Nacht der Machtergreifung flohen sie über die Schweiz ins französische Exil. Eine Auswanderung nach Palästina wurde nie erwogen, da der dort proklamierte Zionismus ihren liberalen Überzeugungen und Anschauungen entgegenstand und somit inakzeptabel war.

Viele der liberalen Juden hatten verkannt, dass, je stärker sie sich anzugleichen suchten, sie umso mehr zu Feindbildern wurden. So blieb nur die erzwungene Emigration, die den Einzelnen sozial, wirtschaftlich und kulturell entwurzelte. Dass die vertraute Welt und Heimat keinen Bestand mehr haben sollte, war für viele schwer zu akzeptieren, und führte dazu, dass die Betroffenen nie wieder dauerhaft nach Deutschland zurückkehrten. Auswanderung bedeutete die endgültige Lösung aus der deutschen Gesellschaft und so resümiert George, dass der Kosmos seiner Kindheit keinen Bestand mehr hatte. Die von Rudolf aufgebaute Welt schien für immer verloren.

Tatsächlich war die bürgerliche Existenz der Familie bedroht und sie verlor die Rittergüter, die Firma und sämtliche Vermögenswerte. Sie zählten zu den 80 Prozent der jüdischen Geschäftsleute, die zwischen 1933 und 1938 ihres Eigentums beraubt wurden. Alle Besitztümer wurden durch die Nationalsozialisten enteignet. Die Arisierung des Verlags zog sich bis in das Jahr 1943, während für das Rittergut Schenkendorf bereits am 1. Februar 1935 bei dem zuständigen AG Königs Wusterhausen Antrag auf Zwangsversteigerung gestellt und im Grundbuch verzeichnet worden war. Zur Sicherung sämtlicher Ansprüche der Gläubiger der Rudolf Mosse OHG sowie der Rudolf Mosse Stiftung GmbH wurden die Lachmann-Mosses verpflichtet, das inländische Vermögen zum Zweck der Gläubigerbefriedigung der Treuhänderin zur Verfügung zu stellen.

Am 5. Februar wurde die Zwangsversteigerung angeordnet und mit der Parzellierung des Gutes und dem Verkauf begonnen – trotz mehrfacher Eingaben der Familie, die vom AG abgelehnt wurden. Die Lachmann-Mosses legten abermals Widerspruch ein, da das Gut zu einem zu geringen Preis verkauft und der Befriedigung der Gläubiger nicht ausreichend Genüge getan wurde. Doch die Abwicklung wurde weiter fokussiert – am 22. August 1935 wurde der Antrag auf Aufhebung des Versteigerungstermins abgewiesen und am 29. Oktober 1935 Burchardt als neuer Eigentümer ins Grundbuch eingebracht. Er war Meistbietender, nachdem der Landlieferungsverband zu seinem Vorteil auf das ihm gemäß RSiedlG zustehende Vorkaufsrecht verzichtet hatte. Die auf das Rittergut eingetragenen Grundschulden wurden am selben Tag gelöscht und bis 1945 war er legitimer Gutsherr.

Der Zweite Weltkrieg brachte für die östlichen und südlichen Kreise der Provinz Brandenburg Zerstörungen von enormem Ausmaß; Industrie und Landwirtschaft kamen zum Erliegen. Um diese wieder aufzubauen, wurde in der SBZ das Ziel ausgegeben, private Landwirtschaft und Latifundium entschädigungslos zu enteignen. Das betraf sämtliche Nutzflächen über 100 Hektar inklusive Gebäuden, Geräten und Viehbestand. Die von der SMAD im Sommer 1945 erlassenen Verordnungen zur Bodenreform wurden vehement durchgesetzt und soweit auf dem enteigneten Boden keine staatlichen Einrichtungen untergebracht wurden, wurde das neu parzellierte Land an Neubauern verteilt. Da die Beschaffenheit des Brandenburger Bodens eine Bewirtschaftung auf kleinen Flächen sinnlos erscheinen ließ (propagiert wurden mindestens zwölf, real waren fünf Hektar) musste zur Durchsetzung der Planwirtschaft mit Repressalien gedroht werden.

Ein weiteres, zentrales Problem bestandin der Errichtung von Häusern für die Neubauernstellen. Daher ergingen im Jahr 1947 Befehle der SMAD, die sich gegen die verhassten Wahrzeichen des Feudalismus – die Herrenhäuser – wandten und den Abriss dieser legalisierten, um Baumaterial bereit zu stellen. Selbst das Innenministerium der DDR rief zu freiwilligen sonntäglichen Arbeitseinsätzen auf, um an der Zerstörung der Gebäude mitzuwirken. Dass der Charakter des Gutshofes in Schenkendorf zunächst erhalten blieb, war der dortigen Unterbringung des Kinderheims geschuldet, dem später ein Mädchenwerkhof und schließlich das Militär folgten.

Mit Übertragungsurkunde Nr. Bf. 1721 wurde das Anwesen am 21. März 1951 aus dem Bodenfonds in Volkseigentum übergeben – Aufteilung und Parzellierung des Gutes waren bereits 1947 durch die Abteilung Bodenreform der Provinzial-Regierung Mark Brandenburg bestätigt worden.

Die zweite Enteignung wurde ebenfalls offiziell legal durchgeführt – die Grundlage bildete, sowohl bezüglich der DDR als auch der BRD, die Kontrollratsproklamation Nr. 2. Diese führte aus, das ehemaliger jüdischer Grundbesitz nicht mehr als solcher, sondern als Vermögen des früheren Deutschen Reiches behandelt werden solle und Rückerstattung an außerhalb Deutschlands lebende Personen nicht zulässig sei.

Durch die Feststellung, dass jüdischer Grundbesitz Eigentum des Staates war, entfielen die dafür geltenden Ausnahmebestimmungen, geregelt durch Richtlinien, die das MdF im Oktober 1950 erlassen hatte. Das machte die Restitution hinfällig.

Die Grundlage für eine erneute Enteignung war geschaffen und legitimierte nachträglich die Eintragung des vormaligen Rittergutes im Grundbuch von Schenkendorf als Eigentum des Volkes.

Nach erfolgter Parzellierung des Landes zeigte sich, dass sowohl die Verteilung als auch die gesamte Bodenreform keineswegs einem konsequenten Verlauf folgte, sondern eher eine diskrepante denn stringente Folge von Beschlüssen war. Dies wird ersichtlich etwa am Beispiel der Nutzung des Pförtnerhauses oder der Zuweisung der ehemaligen Schlossgärtnerei. Das Pförtnerhaus wurde dem dort von 1946 bis 1949 einquartierten Kreiskinderheim und dem Mädchenwerkhof als Unterbringung für kranke Kinder und später für Erzieherinnen zur Verfügung gestellt; die Schlossgärtnerei der VdgB zugeordnet. Durch Einzug des Militärs 1953 war dies hinfällig, da das gesamte Gut requiriert und 36 Jahre als Nebenstandort zum Kommando der GT in Pätz genutzt wurde – aufgrund des nach Ende des Zweiten Weltkriegs herrschenden Platzmangels wurden zivile Gebäude oft umgeeignet. Die dafür akquirierten Schlösser und Herrenhäuser boten den Vorteil räumlicher Konzentration auf wenige Liegenschaften und erlaubten die Kontrolle von Ausbildung und politischer Indoktrination. Im Fall der DGP war dies von besonderer Bedeutung, da sie bei Eintreten eines Krieges die Grenzen zur BRD verteidigen sollte; die Nähe zu Berlin/West und der gegebene Kampfauftrag bedingten die Standortwahl. Das Militär blieb bis 1989 auf dem Gut und versuchte 1990 es eigenmächtig zu verkaufen, was der damalige Bürgermeister verhindern konnte.

Nach der Wiedervereinigung begannen auf dem Gebiet der DDR die Restitutionsverfahren. Diese wurden durch Anordnungen zur Bodenreform verhindert, da diese ausdrücklich verlangten, dass nichts erstattet werden durfte, was öffentlichen Zwecken zur Verfügung gestellt worden war – also sämtlicher Großgrundbesitz. Außerdem wurde festgesetzt, dass die vollständige Wiedergutmachung von durch die Nationalsozialisten an jüdischem Eigentum begangenem Unrecht nicht zu gewährleisten war, da die Bevorzugung einzelner, zumeist kapitalistisch eingeordneter Kreise nicht in Betracht kam. Die Restitution wurde der Familie Lachmann-Mosse verwehrt, obwohl sie die vom SED-Regime gegebenen Kriterien einer Wiedergutmachung erfüllte: Zum einen hatte der Verkaufswert in Missverhältnis zu seinem eigentlichen Wert gestanden, zum anderen war Burchardt zum Zeitpunkt des Erwerbs Mitglied der NSDAP. Wie viele andere war die Familie von einem dritten Kriterium betroffen: die von der SMAD geforderte Zerschlagung von Großgrundbesitz und die damit verbundene Übergabe des Eigentums in Bodenfonds. Deshalb erfolgte in der DDR keine Rückerstattung von jüdischen Bürgern geraubtem Eigentum, sondern unter dem Schutz von Gesetzen und Verordnungen wurde das Land neu verteilt.

So kam es in den 1990er-Jahren in den neuen Bundesländern zu der Frage, die in den 1950er-Jahren bereits auf dem Gebiet der alten gestellt worden war: Wer muss die Schuld für das begangene Unrecht tragen – Staat oder doch Gesellschaft? Besonders bei vor 1938 erfolgten Zwangsenteignungen. So musste nach Antrag auf Rückerstattung von Gerichten geklärt werden, ob es sich bei Erwerb der Parzellen um redlichen oder unredlichen Erwerb handelte. Viele von unredlichem Erwerb Betroffene stellte dies vor finanzielle und emotionale Probleme, da sie bei fehlender Zahlungsfähigkeit ihre Besitzungen und Höfe verlassen mussten; oft als Rentengüter erworben oder durch die Bodenreform in Besitz gelangt, wurden sie von den Bauern als Eigentum betrachtet.

Für die Schenkendorfer Besitzungen wurden am 21. September 1990 Rückübertragungsansprüche gestellt. Durch verfolgungsbedingten Vermögensverlust der Rechtsvorgänger der Antragsteller 1933 bis 1945 wurden die Vertreter der Erbengemeinschaft gemäß VermG als Berechtigte eingestuft. Gegebenem Rückübertragungsanspruch stand redlicher Erwerb entgegen, der nur moralisch angreifbar ist und auch im Beispiel Schenkendorf vorliegt – in diesen Fällen wurden die Ansprüche aus Mitteln des eingerichteten Entschädigungsfonds befriedigt.

Neben den restituierten Besitzungen Schenkendorf und Dyrotz fanden sich durch Zufall auch verschollen geglaubte Kunstgegenstände im Raum Berlin wieder; u. a. der Mosse-Brunnen im Garten der Dienstvilla des damaligen Außenminister Kinkel und die Marmornen Windspiele, die sich bis heute[1] im Depot des Berliner Museums für Asiatische Kunst befinden. Die Hundeskulpturen galten lange als vermisst und wurden zu Beginn der 1950er-Jahre an die Ostasiatische Sammlung der Staatlichen Museen Berlin/Ost abgegeben, da sie dort museal ausgewertet und ausgestellt werden sollten.[2]

Die zwangsweise Entwurzelung und das Gefühl der Heimatlosigkeit, die zumindest George durch die Eigenbezeichnung als »Ewiger Emigrant« verdeutlicht, bedingte die Entscheidung der Erbengemeinschaft, nach Rückerstattung sämtliche Anwesen zu verkaufen. Im Fall Schenkendorf gestaltete sich die Suche nach einem Käufer mühsam, da sich das Schloss durch die Ein- und Umbauten der GT in einem desolaten Zustand befand und weil es der Erbengemeinschaft wichtig war, das Anwesen der Öffentlichkeit zugänglich und wieder als einen gesellschaftlichen Treffpunkt für Anwohner und Region zu etablieren.

Aus diesem Grund fiel die Entscheidung 1994 auf Prinz Kretzulesco, der das ehemalige Rittergut öffnen und Kultur dort ansiedeln wollte. In den ersten Jahren machte er durch sorgfältige Restaurierungen und Rückbauten sowie durch die zahlreiche Veranstaltungen von sich Reden. Leider erwies sich Prinz Dracula nicht dauerhaft als Retter des Gutes. Wie viele, denen das Gut zuvor gehört hatte, hatte er sich finanziell übernommen.

2006 musste die Zwangsverwaltung angeordnet werden; nach erfolgter Disposition erwarb im Oktober 2009 die Falstaf das Gut. Seitdem liegt die Villa Mosse, einst Ausdruck exponierten Lebensstils, verborgen hinter Feldsteinmauer und Bäumen. Wie es mit dem Anwesen weitergehen wird, wissen nur die Zuständigen der Falstaf.

Die 100 Jahre, in denen die Familie Mosse mit Schenkendorf in Verbindung stand, wurde rekonstruiert, ebenso der Einblick in die fast 700 Jahre währende Geschichte des Gutes, die Welt von Rittergütern und ihren Besitzern.

Repräsentativ betrachtet steht die Familie Mosse stellvertretend für andere deutsch-jüdische, großbürgerliche Familien, die Deutschland überstürzt verlassen mussten und im Exil irritiert auf den Verlust der Heimat reagierten.

Die beiden Enteignungen wurden im Interesse der Machthabenden vollzogen und zeichneten sich durch Rücksichtslosigkeit gegenüber den Rechten und Ansprüchen der eigentlichen Besitzer aus. Auch wenn sie unter der NSDAP aus rassistischen, in der DDR aus antikapitalistischen Motiven erfolgten, kennzeichnet beide, dass die Staatsmächte einen offiziellen Weg schufen, um die Vorgänge zu legalisieren. Die Vorschützung der Ressentiments gegen die Großbürgerlichkeit seitens der SED-Regierung und die Zerschlagung von kapitalistischem Vermögensbesitz lässt eine Linie erkennen: Bereits zur Zeit, als Rudolf Mosse seine Güter erwarb, hegte der Adel tiefes Misstrauen gegenüber den nicht seinem Stand zugehörigen Großgrundbesitzern, da er ihnen den Verderb von Rittergütern zu einer rein kapitalistischen Ware unterstellte. Und als ob es sich bewahrheiten würde, wurden vormalige Güter unter der Vorgabe des Antikapitalismus durch Befehl der SMAD parzelliert und die Grundstücke neu vergeben, anstatt sie an Eigentümer der Herkunftsgruppe 5 zu restituieren.

Trotz der »Legalität« wurde, auch wenn auf dem Gebiet der ehemaligen DDR erst ab 1990, die Diskriminierung und Rechtswidrigkeit der dafür ergangenen Verordnungen und Gesetze zuerkannt und Wiedergutmachung eingeleitet. Wie viele jüdische Alteigentümer in den neuen Bundesländern bekam auch die Erbengemeinschaft nach Zuerkennung ihrer Berechtigung den Besitz restituiert und auch wenn viele der Betroffenen, die redlichen Erwerb nicht nachzuweisen vermochten, damit schwer umgehen konnten, muss den Worten Ignatz Bubis gefolgt werden, dass Enteignung immer Unrecht ist.

Wie diese Restitutionsverfahren zeigten, war es schwer einen Konsens zu finden, da, gleich wie die Lösung sich darstellte, immer eine Seite Benachteiligung verspürte – dies empfanden die betroffenen Bauern ebenso wie die Familie Lachmann-Mosse 1935.

Von der Öffentlichkeit wurde wahrgenommen, dass die Ungerechtigkeit, die sich zur Zeit des Nationalsozialismus vollzogen hatte, nach der Wiedervereinigung lediglich durch eine neue ersetzt wurde.

Viele der vormals deutsch-jüdischen Besitzungen in Brandenburg, die in beiden Regimen enteignet und nach dem Fall der Mauer restituiert und von den Erben weiter verkauft wurden, bieten heute einen trostlosen Anblick. Zu oft sind sie Leerstand und damit einhergehendem Verfall ausgesetzt, da es den Erwerbern, auf längere Zeit betrachtet, an finanziellen Mitteln mangelt, um die Anwesen zu unterhalten.

Anmerkungen

Einleitung

1 Insgesamt 619 Hektar, davon ca. 384 Hektar Ackerland, 50 Hektar Wiese und 127 Hektar Wald.

2 Hübener, Kristina, *Jüdische Unternehmerfamilien und ihre Güter im südlichen Brandenburg*, in: Diekmann, Irene A. (Hg.), Jüdisches Brandenburg. Geschichte und Gegenwart, in: Beiträge zur Geschichte und Kultur der Juden in Brandenburg, Mecklenburg-Vorpommern, Sachsen-Anhalt, Sachsen und Thüringen, Bd. 5, hrsg. vom Moses Mendelssohn Zentrum für europäisch-jüdische Studien, Berlin 2008, S. 612.

3 Vgl. Kraus, Elisabeth, *Die Familie Mosse. Deutsch-jüdisches Bürgertum im 19. und 20. Jahrhundert*, München 1999, S. 526.

4 Ebd., S. 603.

5 Aufgrund der regionalen Bezeichnung der Villa Mosse als »Schloss« und dem Habitus offizieller Schreiben aus der Zeit des Nationalsozialismus und der DDR wird diese Bezeichnung auch hier verwendet, auch wenn es sich strenggenommen um ein Herrenhaus handelt.

6 Das Westhafenarchiv und die Staatsbibliothek zu Berlin verfügen diesbezüglich über einen umfassenden, weiterführenden Quellenbestand und Literatur.

7 Zudem veröffentlichte Kristina Hübener mehrere Aufsätze, die sich mit der Familie Mosse und dem Rittergut Schenkendorf befassen.

8 Staatliche Museen Berlin/Ost, heute in Museum für Asiatische Kunst der Staatlichen Museen zu Berlin, Stiftung Preußischer Kulturbesitz.

9 Rudolf Virchow, als Propagandist einer streng naturwissenschaftlichen, sozial orientierten Medizin und Theodor Fontane, als einer der bedeutendsten Vertreter des poetischen Realismus, wurden damals als Begründer des Fortschritts angesehen.

10 Nachzuvollziehen anhand des »Niederschriftsbuch über die Beratungen mit den Gemeinderäten der Gemeinde Schenkendorf bei Königs Wusterhausen 11. Dezember 1913–19. Juni 1937« (NBGS) aus dem PAOS.

11 Die Schreibung seines Namens variiert des Öfteren zwischen Burchardt, Burckard, Burchard, Bukard etc. In Anbetracht der Häufung der Schreibweise wird im Weiteren obige Diktion verwendet.

12 Über die Durchführung des Gesetzes zur Klärung offener Vermögensfragen (VermG) des Landrates Dahme-Spreewald aus dem Jahr 2001.

13 Zu entnehmen den Aufzeichnungen Franz Blumes, welche die Besitzwechsel ab 1315 nachvollziehen und zeigen, dass 1896 nicht die erste Zwangsversteigerung stattfand. Vgl. Blume, Franz, *Ein Heimatbuch der Gemeinden Krummensee und Schenkendorf im Schenkenländchen*, in: Ortschronik von Krummensee, hrsg. von Franz Blume, o. A.

14 Im Rahmen dieser als »Denkzettel« angedachten, anwaltlich abgeklärten Aktion stand die gesamte Gemeinde hinter Prinz Kretzulesco. Er hatte auf diesbezüglich stattfindenden Versammlungen mit den Gemeindevertretern vorgefertigte Nummernschilder, Ausweise etc. vorgestellt, die er bei Realisierung auszugeben gedachte.

Von Posen nach Berlin – Eine familiengeschichtliche Einführung

1 Vgl. Kraus, *Die Familie Mosse*, a.a.O., S. 155 und 598.

2 Ebd., S. 26.

3 Ebd., S. 19 und 156.

4 Ebd., S. 9.

5 Auf dem Gebiet der Provinz Posen lebten in der ersten Hälfte des 19. Jahrhunderts, gemessen an der Gesamtbevölkerung, die meisten Juden Preußens – fast 42 Prozent. Deswegen erreichte »der Umfang der Ost-West-Wanderung von Juden im Zeitraum der Industrialisierung [...] in der Provinz Posen den bei weitem höchsten Grad aller preußischen Ostprovinzen«. Jersch-Wenzel, Stefi, *Zur Geschichte der jüdischen Bevölkerung in der Provinz Posen im 19. Jahrhundert*, in: Rhode, Gotthold (Hg.), Juden in Ostmitteleuropa. Von der Emanzipation bis zum Ersten Weltkrieg, in: Historische und landeskundliche Ostmitteleuropa Studien, Bd. 3, hrsg. von Hans Lemberg, Marburg/Lahn 1989, S. 77.

6 Vgl. Hübener, Kristina/Leps, Marko, *Der Zeitungsverleger Rudolf Mosse als Besitzer des Rittergutes Schenkendorf*, in: Heimatkalender 2001. Königs Wusterhausen und Dahmeland, 7. Jg., hrsg. vom Heimatverein Königs Wusterhausen e. V., Berlin (o.J.), S. 55.

7 Vgl. Melcher, Peter, *Weissensee. Ein Friedhof als Spiegelbild jüdischer Geschichte in Berlin*, Berlin 1986, S. 50.

8 Heute Grodzisk Wielkopolski.

9 Zu diesem Triumvirat zählten auch der Berliner Großverleger August Scherl, der seinen Erfolg der Vermittlung von kurzen, prägnanten Nachrichten unter anderem in »Die Woche« und dem »Berliner Lokalanzeiger« verdankte und Leopold Ullstein, dessen Haus genau wie der Rudolf Mosse Verlag die Richtlinien liberaler Politik vertrat.

10 Vgl. Kraus, *Die Familie Mosse*, a.a.O., S. 156.

11 »Die Gartenlaube – Illustriertes Familienblatt« erschien ab 1853, war der Vorläufer moderner Illustrierter und das erste große in Deutschland erfolgreiche Massenblatt.

12 Vgl. Hübener, *Jüdische Unternehmerfamilien und ihre Güter im südlichen Brandenburg*, a.a.O., S. 609.

13 Vgl. Mosse, George L., *Aus grossem Hause. Erinnerungen eines deutsch-jüdischen Historikers*, München 2003, S. 38.

14 Mendelssohn, Peter de, *Zeitungsstadt Berlin. Menschen und Mächte in der Geschichte der deutschen Presse*, Frankfurt/Main 1982², S. 93.

15 Vgl. ebd., S. 93 und 95.

16 Kraus, *Die Familie Mosse*, a.a.O., S. 162.

17 Vgl. ebd., S. 159.

18 Vgl. Heuer, Gerd F., *Entwicklung der Annoncen-Expeditionen in Deutschland*, in: Zeitung und Zeit, Bd. 5, Frankfurt/Main 1937, S. 22.

19 Ebd., S. 26.

20 Kraus, *Die Familie Mosse*, a.a.O., S. 517.

21 Vgl. ebd., S. 526. Ausführlichere Erläuterungen zur Annoncenexpedition Rudolf Mosse geben des Weiteren Peter de Mendelssohn *Zeitungsstadt Berlin. Menschen und Mächte in der Geschichte der deutschen Presse* und Gerd F. Heuer *Entwicklung der Annoncen-Expeditionen in Deutschland.*

22 Vgl. Hübener/Leps, *Der Zeitungsverleger Rudolf Mosse als Besitzer des Rittergutes Schenkendorf*, a.a.O., S. 52.

23 Wolff (1868–1943) war ein aus dem deutsch-jüdischen großbürgerlichen Milieu stammender Schriftsteller, Publizist und Kritiker und zudem Vetter Rudolf Mosses, der maßgeblich zum Charakter und dem daraus resultierenden Erfolg des BTB beitrug.

24 Gidal, Nachum T., *Die Juden in Deutschland von der Römerzeit bis zur Weimarer Republik*, Köln 1997², S. 272.

25 Die Gründerzeit meint eine Phase der Wirtschaftsgeschichte Mitteleuropas, die mit der Industrialisierung in Zusammenhang stand und bis zum Börsenkrach im Jahr 1873 dauerte. Da sie regional unterschiedlich verlief, lässt sich der Beginn nicht genau definieren. Gemeint ist hier wahrscheinlich die Zeit der sogenannten Gründerjahre, in welchen der wirtschaftliche Aufschwung im deutschen Kaiserreich in einem bis dahin ungekannten Ausmaß kulminierte.

26 Vgl. Mendelssohn, a.a.O., S. 99 und 157.

27 Hermand, Jost, *Deutsche Juden jenseits des Judentums. Der Fall Gerhard, Israel, George L. Mosse*, in: Jahrbuch für Antisemitismusforschung, Bd. 3, hrsg. von Wolfgang Benz u. a., Frankfurt/Main 1994, S. 179.

28 Vgl. Mosse, *Aus grossem Hause*, a.a.O., S. 380.

29 Vgl. Härtsch, Fritz, *Rudolf Mosse. Ein Verleger revolutioniert das Werbegeschäft*, Zürich (CH) 1996, S. 103.

30 Vgl. Fischer, Heinz-Dietrich (Hg.), *Deutsche Presseverleger des 18. bis 20. Jahrhunderts*, in: Publizistik-Historische Beiträge, Bd. 4, hrsg. von Heinz-Dietrich Fischer, Pullach 1975, S. 213.Weiterführende Informationen, sowohl zum Rudolf Mosse Verlag als auch zu seinem bekanntesten verlegerischen Produkt –dem BTB– sind neben Bernd Sösemann *Zeitungen für die Demokratie. Der Verleger Rudolf Mosse und sein Chefredakteur Theodor Wolff* und Gotthart Schwarz *Theodor Wolff und das »Berliner Tageblatt«. Eine liberale Stimme in der deutschen Politik 1906–1933* auch obigem Werk von Fischer zu entnehmen.

31 Hale, Oron J., *Presse in der Zwangsjacke 1933–1945*, Düsseldorf 1965, S. 265.

32 Vgl. Kraus, *Die Familie Mosse*, a.a.O., S. 518.

33 Halen, Andreas/Greve, Uwe, *Vom Mosse-Verlag zum Mosse Zentrum*, hrsg. vom Mosse-Zentrum Berlin-Mitte, Berlin 1995, S. 27.

34 Mosse, *Aus grossem Hause*, a.a.O., S. 72.

35 Ebd.

36 Vgl. Härtsch, a.a.O., S. 68.

37 Vgl. Fischer, a.a.O., S. 206f.

38 Dem ersten allgemeinen Code folgten später weitere Spezialcodes, wie zum Bei-

spiel der Glas- oder auch Waggon-Code. Exemplare können z. B. in der Staatsbibliothek zu Berlin eingesehen werden. Vgl. Härtsch, a.a.O., S. 55.

39 Einen detaillierten Einblick geben sowohl der *Mosse Almanach 1921* von Hans Flemming, als LAB, Rep. A Pr. Br. 030 Nr. 15215, *Acta des Polizeipräsidii zu Berlin, betr. Die jüdische Reformgemeinde 1859–1862/1895–1898.*

40 Rudolf Mosse setzte sich stark für ihre Belange ein und war dessenthalben langjähriges Mitglied der Repräsentantenversammlung der Jüdischen Gemeinde Berlin und später Vorsteher und erster Vorsitzender der Reformgemeinde. Für ihn war George L. Mosse zufolge Religion weniger eine Frage des Glaubens als eine Sache des Lebensstils, da »das Judentum [...] von den Reformed als universalistische Weltreligion mit rationalistisch-humanistischer Grundhaltung dargestellt [wurde], deren äußerliche Traditionen nur soweit beizubehalten [waren], als sie der Förderung und Wahrung sittlicher Prinzipien [dienten]. Folglich blieb es weitgehend dem Urteil des einzelnen überlassen, was er von der traditionellen Lebensweise beibehalten wollte.« Maier, Johann, *Das Judentum. Von der biblischen Zeit bis zur Moderne*, Bindlach 1973, S. 756.

41 Hierüber nachzulesen sowohl LAB, Rep. A Pr. 057 Nr. 1996, *Akten des Polizeipräsidiums zu Berlin, betr:. Die Emilie- und Rudolf Mosse Stiftung für Knaben und Mädchen,* als auch *Berichte über die Rudolf Mosse'sche Erziehungs-Anstalt für Knaben und Mädchen zu Wilmersdorf – Berlin* die in Form jährlich ausgefertigter Protokollbücher des Stiftsdirektors Heinitz für die Jahre 1895–1912 vorliegen (Staatsbibliothek Berlin). Als fortführende Literatur bzgl. der Philanthropie der Familie Mosse, die sowohl Stiftungstätigkeit als auch Mäzenatentum umfasste, seien bspw. *Jüdische Mäzene – Sammeln und Stiften als zivilgesellschaftliches Engagement* von Klaus Dieter Lehmann *Der Fall Charlottenburg. Soziale Stiftungen im städtischen Kontext (1800–1950)* von Andreas Ludwig, *Unternehmertum und soziales Stiftungsengagement. Die in Berlin ansässigen Familien Israel und Mosse* von Kristina Hübener *Jüdische Stiftungstätigkeit. Das Beispiel der Familie Mosse in Berlin* von Elisabeth Kraus sowie LAB, Rep. A 000-02-01 Nr. 2504, *Akten der Stadtverordnetenversammlung zu Bln, betr.: Die Rudolf Mosse Altersversorgungsstiftung* genannt.

42 Vgl. Halen/Greve, a.a.O., S. 8.

43 Emilie Mosse wurde, wie aus den Memoiren ihres Enkels hervorgeht, für ihr soziales Engagement mit dem prestigeträchtigen Wilhelmsorden, der anlässlich der Proklamation des Deutschen Reichs gestiftet wurde, ausgezeichnet und nahm diesen auch an.

44 Vgl. Härtsch, a.a.O., S. 90.

45 Vgl. Kraus, Elisabeth, *Jüdische Stiftungstätigkeit. Das Beispiel der Familie Mosse in Berlin*, in: Zeitschrift für Geschichtswissenschaft, 45. Jg., Heft 2, hrsg. von Wolfgang Benz u. a., Berlin 1997, S. 119.

46 Bekanntester Nachkomme dieser Familie, deren wirtschaftlicher Aufstieg mit der Gründung der AEG 1883 begann, war Walther Rathenau. Neben seiner Tätigkeit als Industrieller widmete er sich auch schriftstellerischen und liberal politischen Tätigkeiten.

47 Carl Fürstenberg (1850–1933) war ein renommierter deutsch-jüdischer Bankier und Direktor der Berliner Handelsgesellschaft und u. a. Aufsichtsratsmitglied der AEG.

48 Vgl. Mosse, Werner E., *Die Juden in Wirtschaft und Gesellschaft*, in: Juden im Wilhelminischen Deutschland 1890–1914, hrsg. von Werner E. Mosse, Tübingen 1976, S. 83f.

49 Alle großen und gebliebenen Stiftungen wurden zwischen 1903 und 1913 verwirklicht.

50 Vgl. Kraus, *Jüdische Stiftungstätigkeit*, a.a.O., S. 102, 106 und 113.

51 Kraus, *Die Familie Mosse*, a.a.O., S. 404.

52 Vgl. Kraus, Elisabeth, *Zwischen bürgerlicher Philanthropie und traditioneller Zedaka. Das Mäzenatentum der deutsch-jüdischen Familie Mosse*, in: Sammeln, Stiften, Fördern. Jüdische Mäzene in der deutschen Gesellschaft, in: Veröffentlichungen der Koordinierungsstelle für Kulturgutverluste, Bd.6, hrsg. von der Koordinierungsstelle für Kulturgutverluste Magdeburg, Magdeburg 2008, S. 77.

53 Vgl. Sösemann, Bernd, *Zeitungen für die Demokratie. Der Verleger Rudolf Mosse und sein Chefredakteur Theodor Wolff*, in: Berliner Profile, hrsg. von Erhard Haarmann u. a., Berlin 1993, S. 145.

54 *Herrn Rudolf Mosse überreicht die Redaktion zum siebzigsten Geburtstage, 8. Mai 1913, diese Grüsse seiner Freunde und Mitarbeiter*, Berlin 1913, S. 33.

55 So gibt u. a. LAB, Bestand E 061 –16 Nachlass (NL) Rudolf Mosse Auskunft über die umfangreiche Korrespondenz, die er z. B. auch mit Kaiser Wilhelm I. führte.

56 Augustine, Dolores L., *Die soziale Stellung der jüdischen Wirtschaftselite im Wilhelminischen Berlin*, in: Mosse, Werner E. / Pohl, Hans (Hg.), Jüdische Unternehmer in Deutschland im 19. und 20. Jahrhundert, in: Zeitschrift für Unternehmergeschichte, Bd. 64, hrsg. von Hans Pohl / Wilhelm Treue, Stuttgart 1992, S. 240.

57 Anton von Werner (1843–1915) war ein deutscher Maler, der in fotografischem Stil Historienbilder zeitgenössischer Ereignisse fertigte. Heutzutage gilt er aufgrund seiner Ablehnung der modernen Kunst als einer der Hauptrepräsentanten des sogenannten Wilhelminismus.

58 Das Gemälde ist inspiriert von Paolo Veronese, einem der wichtigsten Maler der italienischen Renaissance, und sucht seine Vorbilder in der niederländischen Malerei.

59 Vgl. Kraus, *Die Familie Mosse*, a.a.O., S. 477f.

60 Landratsamt Königs Wusterhausen (Hg.), *Königs Wusterhausen. Spaziergänge in die Umgebung*, Königs Wusterhausen 1993, S. 84.

61 Vgl. Hübener, Kristina, *Unternehmertum und soziales Stiftungsengagement. Die in Berlin ansässigen Familien Israel und Mosse*, in: Jüdische Wohlfahrtsstiftungen. Initiativen jüdischer Stifterinnen und Stifter zwischen Wohltätigkeit und sozialer Reform, Schriftenreihe des Arbeitskreises Geschichte der jüdischen Wohlfahrt in Deutschland, Bd. 4, hrsg. von Andreas Ludwig / Kurt Schilde, Frankfurt / Main 2010, S. 205 und 209.

62 Lehmann, Klaus Dieter, *Jüdische Mäzene – Sammeln und Stiften als zivilgesellschaftliches Engagement*, in: Sammeln, Stiften, Fördern. Jüdische Mäzene in der deutschen Gesellschaft, in: Veröffentlichungen der Koordinierungsstelle für Kulturgutverluste, Bd. 6, hrsg. von der Koordinierungsstelle für Kulturgutverluste Magdeburg, Magdeburg 2008, S. 18f.

63 Vgl. ebd., S. 22.

64 Beide waren engagierte preußische Staatsbürger und mit Wilhelm II. verbunden.

So war Simon einer der engen Gesprächspartner des Kaisers, während Arnhold von ihm als einziger Jude in das Preußische Herrenhaus aufgenommen wurde.

65 Das Rudolph Lepke Kunst-Auctions-Haus war in der zweiten Hälfte des 19. Jahrhunderts eines der bedeutendsten. Am 31. Dezember 1935 erfolgte die Arisierung und ab dato beteiligte sich das vormalige Traditionshaus an der Verwertung beweglicher Vermögenswerte jüdischer Bürger. 1938 erfolgte die letzte Auktion.

66 Kraus, *Zwischen bürgerlicher Philanthropie und traditioneller Zedaka*, a.a.O., S. 90.

67 Vgl. Mendelssohn, a.a.O., S. 180.

68 Vgl. Halen/Greve, a.a.O., S. 24.

69 Mendelssohn, a.a.O., S. 180.

70 Kraus, *Die Familie Mosse*, a.a.O., S. 307 f.

71 Runge, Irene/Stelbrink, Uwe, *George Mosse: »Ich bleibe Emigrant«. Gespräche mit George L. Mosse*, Berlin 1991, S. 13.

72 Vgl. ebd., S. 308.

73 Vgl. Mendelssohn, a.a.O., S. 180.

74 Vom 13. Dezember 1904.

LAB, E Rep. 061-16 Nr. 3493-3537, *Wolff, Theodor*, 3509.

75 Vgl. Halen/Greve, a.a.O., S. 24.

76 So von Felicia an ihren Sohn weitergegeben.

Vgl. Mosse, George L., *Aus grossem Hause*, a.a.O., S. 47 f.

77 Alle drei Kinder (Hilde, Rudolf und Gerhard) von Felicia und Hans Lachmann-Mosse änderten in den USA ihren Nachnamen in Mosse und fügten dass L. als Abkürzung für Lachmann ein.

78 Vgl. Hermand, a.a.O., S. 179.

79 Vgl. Raddatz, Fritz J., *Aus der Prunk und Protzhölle. Der Historiker George L. Mosse geht in seiner Biografie sehr kritisch mit seiner Herkunftsfamilie um*, in: Die Welt, 18. Oktober 2003.

80 Vgl. Brenner, Michael, *Reich, jüdisch, talentiert. Die Memoiren von George Mosse*, in: Süddeutsche Zeitung, 13. Oktober 2003.

81 Vgl. Schoeps, Julius H., *Der doppelte Außenseiter. Bewegend und unkonventionell: Die Autobiografie des Historikers George Mosse*, in: Die Zeit, 13. November 2003.

Historischer Rückblick – Schenkendorf und Rittergüter

1 Vgl. Hübener, *Jüdische Unternehmerfamilien und ihre Güter im südlichen Brandenburg*, a.a.O., S. 608.

2 Mark bedeutet Grenzland. Die Mark Brandenburg entstand im Zuge der deutschen Besiedlung der Landschaften östlich der Elbe bis hin zu Weichsel und Memel. Es bildeten sich ostwärts des alten deutschen Siedlungsraumes Neustämme zu denen auch die Bewohner der Mark Brandenburg, die Märker, zählten, die dieser Region ihren Namen verliehen. Vgl. Bath, Herbert, *Die Schlösser und Herrenhäuser in Berlin und Brandenburg. Ein Überblick in Text und Bild*, Berlin 2001, S. 8.

3 Vgl. Landratsamt Königs Wusterhausen, a.a.O., S. 80.

4 1847 als Telegraphen Bau-Anstalt gegründet, entwickelte sich das Unternehmen innerhalb weniger Jahre zu einem der weltweit größten Elektrokonzerne.

5 Unter anderem sollte das Einfrieren des Bodens mit einer Kältemaschine bis auf

eine Tiefe von sechs Metern den reibungslosen Ablauf der Förderung gewährleisten, ebenso die Installation einer immensen Pumpenanlage. Doch diese senkte den Grundwasserspiegel so stark ab, dass Schenkendorf faktisch auf dem Trockenen lag und das Vorhaben eingestellt werden musste. Vgl. Landratsamt Königs Wusterhausen, a.a.O., S. 82.

6 Vgl. ebd., S. 80–82.

7 Spatz, Willy, *Der Teltow. Geschichte der Ortschaften des Kreises Teltow*, Bd. 3, Berlin 1912, S. 243.

8 Vgl. Deutsche Gesellschaft e. V. –Freundeskreis Schlösser und Gärten der Mark (Hg.), *Landpartie. Landkreis Dahme-Spreewald. Schlösser – Gutshäuser –Kirchen*, Königs Wusterhausen 2004, S. 22.

9 Vgl. Hübener, Kristina/Leps, Marko, *Jüdische Unternehmerfamilien und ihre Güter im südlichen Brandenburg. Kaufhaus N. Israel –Rittergut Schulzendorf. Zeitungsverlag R. Mosse–Rittergut Schenkendorf*, in: Wegweiser durch das jüdische Brandenburg, hrsg. von Irene Diekmann/Julius H. Schoeps, Berlin 1995, S. 323.

10 Vgl. ebd.

11 Vgl. Schiller, René, *Vom Rittergut zum Großgrundbesitz. Ökonomische und soziale Transformationsprozesse der ländlichen Eliten im 19. Jahrhundert*, in: Elitenwandel in der Moderne, Bd. 3, hrsg. von Heinz Reif, Berlin 2003, S. 166.

12 Diese Familien zählten aufgrund ihrer unternehmerischen Tätigkeiten zu den herausragenden Persönlichkeiten der deutsch-jüdischen Großbourgeoisie.

13 Hellige, Hans Dieter, *Jüdische Unternehmer zwischen wirtschaftsliberalem Laissez-faire, sozialliberalem Emanzipationsdenken und industriekonservativer Sammlungsbewegung*, in: Mosse, Werner E./Pohl, Hans (Hg.), Jüdische Unternehmer in Deutschland im 19. und 20. Jahrhundert, in: Zeitschrift für Unternehmergeschichte, Bd. 64, hrsg. von Hans Pohl/Wilhelm Treue, Stuttgart 1992, S. 350.

14 Vgl. Schiller, a.a.O., S. 239.

15 Vgl. Hellige, a.a.O., S. 350.

16 Vgl. Bath, a.a.O., S. 20 f.

17 Ebd., S. 21.

18 Vgl. ebd., S. 24.

19 Vgl. ebd., S. 95.

20 Auch ersichtlich an den Herrenhäusern von Trebnitz oder Genshagen. Sie bildeten das Gegenstück zu den Schlössern der Schinkelzeit, die im Stil ländlicher italienischer Villen errichtet wurden.

21 Vgl. Runge/Stelbrink, a.a.O., S. 13.

22 Ebd., S. 13 f.

23 Vgl. Härtsch, a.a.O., S. 70.

24 Vgl. Schiller, a.a.O., S. 494.

25 Vgl. ebd., S. 496 f.

26 Ebd., S. 500.

27 Fideikommiß bezeichnet das unveräußerliche, unteilbare und einer bestimmten Erbfolge unterliegende Vermögen einer Familie.

28 Schiller, a.a.O., S. 509.

29 Ebd.

30 Mosse, Werner E., a.a.O., S. 85.

31 Augustine, a.a.O., S. 227.

32 Vgl. ebd., S. 239.

33 Vgl. Halen/Greve, a.a.O., S. 9–11.

34 U.a. im Potsdamer Raum bes. durch Stüler. Der preußische Baumeister war maßgebender Architekt seiner Zeit im Raum Berlin; bedeutendste Schöpfung ist das Neue Museum.

35 Vgl. Freundeskreis Schlösser und Gärten der Mark in der Deutschen Gesellschaft e. V. (Hg.), *Burgen, Schlösser und Herrenhäuser in Brandenburg*, Berlin 2008, S. 212.

36 Vgl. Deutsche Gesellschaft e. V., *Landpartie*, a.a.O., S. 26.

37 Siehe Kapitel 3.4.

38 Vgl. Mosse, George L., Aus grossem Hause, a.a.O., S. 26 u. a.

39 Vgl. u. a. BLHA, Rep. 5 E Amtsgericht Königs Wusterhausen Nr. 218, *Das Amtsgericht Königs Wusterhausen betr.: Die Zwangsversteigerung von Schenkendorf*, Bl. 11 f.; BLHA, Rep. 250 Landratsamt Teltow Nr. 414, *Bodenreform in Schenkendorf* 1945–1953, Bl. 7.

40 Vier Morgen entsprechen exakt einem Hektar. Diese Größe wurde im Deutschen Reich zum Ende des 19. Jahrhunderts festgelegt, da die Fläche vorher regional stark variieren konnte.

41 Vgl. Mosse, George L., *Aus grossem Hause*, a.a.O., S. 22.

42 Vgl. Deutsche Gesellschaft e. V., *Landpartie*, a.a.O., S. 25.

43 Hübener, *Jüdische Unternehmerfamilien und ihre Güter im südlichen Brandenburg*, a.a.O., S. 613.

44 Vgl. Mosse, George L., *Aus grossem Hause*, a.a.O., S. 22.

45 Hübener, *Jüdische Unternehmerfamilien und ihre Güter im südlichen Brandenburg*, a.a.O., S. 613.

46 Vgl. Deutsche Gesellschaft e. V., *Landpartie*, a.a.O., S. 25 f.

47 Deutsche Gesellschaft e. V., *Landpartie*, a.a.O., S. 25.

48 Vgl. Mosse, George L., *Aus grossem Hause*, a.a.O., S. 25 f.

49 Vgl. *Das verwunschene Schloß zu Schenkendorf. Neben einem Schutzgebiet, das niemand kennt, liegt Kahlbutz' kleiner Bruder/Teichrosen über Braunkohle* [ohne Autorenangabe], in: Königs Wusterhausener Rundschau, 4. Juni 1993.

50 Vgl. Blume, *Ein Heimatbuch*, a.a.O., S. 58.

51 Vgl. Kubach, Hans Erich/Steeger, Joachim, *Die Kunstdenkmäler des Kreises Teltow*, in: Die Kunstdenkmäler der Provinz Mark Brandenburg, hrsg. vom Brandenburgischen Provinzialverband, Berlin 1941, S. 165.

52 Vgl. Blume, Franz, *Johann Friedrich Freiherr von Löben auf Schenkendorf. Ein Wegbereiter des neuen Deutschlands aus der Zeit des Dreißigjährigen Krieges*, in: Teltower Kreiskalender 1942, hrsg. vom Teltower Kreisblatt, 39. Jg., Berlin 1941, S. 64.

53 Vgl. Borchert, Heinz, Das Schenkendorfer Schloss und seine wechselvolle Geschichte, in: Heimatkalender 1997. Königs Wusterhausen und Dahmeland, 3. Jg., hrsg. vom Heimatverein Königs Wusterhausen 1990 e. V., Berlin (o. J.),S. 80.

54 Blume, *Johann Friedrich Freiherr von Löben auf Schenkendorf*, a.a.O., S. 69.

55 Spatz, a.a.O., S. 242.

56 Vgl. *Wo Verleger Rudolf Mosse Ruhe fand* [ohne Autorenangabe], Berliner Morgenpost, 10. Januar 1999.

57 Vgl. Deutsche Gesellschaft e. V., *Landpartie*, a.a.O., S. 25 f.

58 Vgl. Ausstellung über die Geschichte des Ortes Schenkendorf.

59 Die folgenden Besitzer zu nennen wäre müßig, denn die Vorgeschichte des ehemaligen Erbpachtvorwerkes Schenkendorf von 1315 bis zum Erwerb durch Mosse, im Speziellen ab 1717, lässt sich detailliert bei Blume nachlesen. Dort sind sämtliche Besitzer und Pächter und die Umstände von Kauf- bzw. Verkauf bis 1935 aus Gerichtsakten zusammengetragen. Vgl. Blume, *Ein Heimatbuch der Gemeinden Krummensee und Schenkendorf im Schenkenländchen*, a.a.O., S. 58– 60.
60 Vgl. Spatz, a.a.O., S. 243.
61 Form der monarchischen Gesetzgebung im Absolutismus.
62 Vgl. Blume, *Ein Heimatbuch der Gemeinden Krummensee und Schenkendorf im Schenkenländchen*, a.a.O., S. 60.

1896 – Rudolf Mosse erwirbt das Rittergut

1 Hübener/Leps, *Jüdische Unternehmerfamilien und ihre Güter im südlichen Brandenburg*, a.a.O., S. 329f.
2 Vgl. Borchert , a.a.O., S. 82.
3 Vgl. *Weintrauben groß wie Enteneier. Oktober 1896 in und um Königs Wusterhausen* [ohne Autorenangabe], in: Märkische Allgemeine Zeitung, 10. Oktober 1996.
4 Vgl. Hübener/Leps, *Der Zeitungsverleger Rudolf Mosse als Besitzer des Rittergutes Schenkendorf*, a.a.O., S. 52.
5 Vgl. Kraus, *Die Familie Mosse*, a.a.O., S. 188.
6 Vgl. Merten, Jola, *George Mosse: Erinnerung an seine Berliner Vergangenheit*, in:Berliner Morgenpost, 8. Dezember 1996.
7 Vgl. *Chronik von Mittenwalde nebst Adress-Buch für Mittenwalde, Ragow, Telz, Crummensee, Gallun, Brusendorf, Groß-Machnow*, Mittenwalde 1911, S. 12.
8 Hübener/Leps, *Der Zeitungsverleger Rudolf Mosse als Besitzer des Rittergutes Schenkendorf*, a.a.O. S.52.
9 Vgl. Hübener, *Unternehmertum und soziales Stiftungsengagement*, a.a.O., S. 204.
10 Die im LAB befindlichen Archivalien, Rep. E 061 – 16 Nachlass (NL) Rudolf Mosse, umfassen einen Großteil des schriftlichen Nachlasses von Rudolf und Emilie Mosse. Anfang 1946 kam der Bestand aus dem Sächsischen Hauptarchiv Dresden in Obhut des Stadtarchivs Berlin, wo er seitdem verwaltet wird und bspw. Briefe, Postkarten, Telegramme und Gedichte von Personen der Zeitbeinhaltet.
11 Mosse, George L., *Aus grossem Hause*, a.a.O., S. 16.
12 Borchert , a.a.O., S. 82.
13 Runge/Stelbrink, a.a.O., S. 14.
14 Vgl. Wert, Oliver de, *Graf Dracula erweckt ein Schloß zu neuem Leben. Vorbesitzer war der Berliner Verleger Mosse*, in: Berliner Morgenpost, 23. Februar 1996.
15 Vgl. Kraus, *Die Familie Mosse*, a.a.O., S. 441.
16 Hübener/Leps, *Der Zeitungsverleger Rudolf Mosse als Besitzer des Rittergutes Schenkendorf*, a.a.O., S. 53.
17 Im Speziellen stiftete sie den Stoff sowie Gold- und Silbergarn.
18 Vgl. *Hier wohnte einst Rudolf Mosse mit seiner Familie. Berühmte Persönlichkeiten und fast vergessene Persönlichkeiten des öffentlichen Lebens/Zuhause im Schloß Schenkendorf*[ohne Autorenangabe], in: Märkische Allgemeine Zeitung, 22. Juli 1999.

19 Vgl. Interview mit der Ortschronistin von Schenkendorf, Bärbel Schulze(geführt u. a. am 18. und 25. September 2012).

20 Vgl. *Niederschriftsbuch über die Beratungen mit den Gemeinderäten der Gemeinde Schenkendorf bei Königs Wusterhausen. 11. Dezember 1913–19. Juni 1937*, 29. Mai 1914.

21 Auch wenn einige Literaturen angeben, dass Rudolf Mosse bei einem Unglück starb und an dieser Stelle ein Gedenkstein bis heute existent sei, so ist dem zu widersprechen. Dieser ist nachweislich nicht mehr vorhanden, da er in den 1970er-Jahren von Unbekannten entwendet wurde.

22 Handschriftliche Aufzeichnungen der Ortschronistin von Schenkendorf, Bärbel Schulze.

23 Vgl. Interview mit dem Heimatverein Schenkendorf und Krummensee e. V. (geführt am 29. August 2012).Weitere Ausführungen zu dem Familiengrab der Familie Mosse siehe Peter Melcher, *Weissensee. Ein Friedhof als Spiegelbild jüdischer Geschichte in Berlin*, Berlin 1986.

24 Rezess bezeichnet in diesem Fall einen ortsrechtlichen Vergleich.

25 Vgl. Handschriftliche Aufzeichnungen, a.a.O.

26 Der Kapp-Putsch war der Auftakt der Gegenrevolution, als Freikorps, konspirative Kreise der Reichswehr, Konservatisten, Monarchisten und Alldeutsche die schützenden Kulissen verließen und in den Vordergrund der politischen Bühne mit dem Ziel des Regierungssturzes und der Inaugurierung eines neuen politischen Kurses traten. Dieser Putsch besaß einen großen Überraschungseffekt und anfänglich hatte es den Anschein, die Verschwörer trenne nur ein Schritt vom Erfolg. Diesen sollte die Reichswehr ausführen. Vgl. Schwarz, Gotthart, *Theodor Wolff und das ›Berliner Tageblatt‹. Eine liberale Stimme in der deutschen Politik 1906–1933*, in: Tübinger Studien zur Geschichte und Politik, Nr. 25, hrsg. von Hans Rothfels u. a., Tübingen 1968, S. 142.

27 Borchert, a.a.O., S. 82.

28 Die sogenannten Baltikumer waren deutsche Soldaten oder Freikorpsangehörige, die nach dem Ende des Ersten Weltkriegs 1919 in Lettland oder Litauen gekämpft hatten und später die Befehle der Weimarer Regierung offen ignorierten.

29 Schäffer, Harry, *Der Widerstand der Arbeiter in Schenkendorf 1920 gegen die Kappisten*, in: Heimatkalender 2001. Königs Wusterhausen und Dahmeland, 7. Jg., hrsg. vom Heimatverein Königs Wusterhausen e. V., Berlin (o. J.), S. 135.

30 Vgl. ebd.

31 Vgl. ebd., S. 135 f.

32 Ebd., S. 137.

33 Vgl. ebd., S. 138.

34 Der Berliner Maschinenbau-AG (BMAG), eigentlich Berliner Maschinenbau-Actien-Gesellschaft vormals L. Schwartzkopff, Wildau, zugehörig.

35 Schäffer, a.a.O., S. 138.

1920 – Die Lachmann-Mosses auf Schenkendorf

1 Vgl. Härtsch, a.a.O., S. 70.

2 Siehe George L. Mosse, *Aus grossem Hause* und Runge / Stelbrink, *George Mosse: ›Ich bleibe Emigrant‹*.

3 Mosse, George L., *Aus grossem Hause*, a.a.O., S. 22.
4 Vgl. ebd., S. 11 und 15.
5 Hermand, a.a.O., S. 180.
6 Vgl. Mosse, George L., *Aus grossem Hause*, a.a.O., S. 15.
7 Ebd., S. 22.
8 Vgl. ebd., S. 26f.
9 Interview mit der Ortschronistin.
10 Halen/Greve, a.a.O., S. 9–11.
11 Mosse, George L., *Aus grossem Hause*, a.a.O., S. 28.
12 Ebd., S. 16.
13 Ebd., S. 22.
14 Vgl. Interview mit der Ortschronistin.
15 Vgl. *Niederschriftsbuch*, a.a.O., 21. November 1924–6. Juni 1926.Dem Großmut von Hans Lachmann-Mosse geschuldet, gingen Spritzenhaus und Feuerspritze in das Eigentum der Gemeinde über.
16 Ebd., 11. Oktober 1926.
17 Interview mit der Ortschronistin (Stand 2013).
18 Vgl. *Hier wohnte einst Rudolf Mosse mit seiner Familie*, a.a.O.
19 Vgl. Hübener, *Jüdische Unternehmerfamilien und ihre Güter im südlichen Brandenburg*, a.a.O., S. 614.
20 Vgl. *Niederschriftsbuch*, a.a.O., 16. Februar 1927.
21 Vgl. Interview mit der Ortschronistin.
22 Vgl.*Niederschriftsbuch*, a.a.O., 2. Oktober 1928.
23 Bronisław Huberman (oft Hubermann; 1882–1947) war polnisch-jüdischer Violinist und bekannt für seine individuelle Violin-Interpretationen.
24 Vgl. Brenner, a.a.O.
25 Hermann Schildberger (1899–1974), der Jura, Philosophie und Musikwissenschaften studiert hatte, war zu dieser Zeit Chorleiter der Jüdischen Reformgemeinde Berlin.
26 Vgl. Mosse, George L., *Aus grossem Hause*, a.a.O., S. 56f.
27 Claire Waldoff (1884–1957), geb. als Clara Wortmann, war deutsche Kleinkunstinterpretin verschiedener Genres, die sich selbst als Volkssängerin verstand und besonders erfolgreich mit der Darbietung von im Berliner Dialekt gesungenen Chansons war.
28 Vgl. Mosse, George L., *Aus grossem Hause*, a.a.O., S. 68.
29 In Abschwächung der Leibeigenschaft entstandene grundherrschaftliche Abhängigkeit im Sinne von Unfreiheit.
30 Vgl. Handschriftliche Aufzeichnungen, a.a.O.
31 Vgl. ebd.
32 Vgl. Blume, *Ein Heimatbuch der Gemeinden Krummensee und Schenkendorf im Schenkenländchen*, a.a.O., S. 58.
33 Das Vorwerk wurde mit 64 Einwohnern und 239 Hektarmit der Ortslage Krummensee vereinigt. Der Hauptteil mit 91 Einwohnern und einer Fläche von 349 Hektar der Gemeinde Schenkendorf zugeordnet, die nunmehr eine Gesamtfläche von 695 Hektar und 1166 Einwohner hatte.
34 KLDS, Rep. A-4 Gemeinde Schenkendorf Nr. 15, *Allgemeines 1888–1930*, Bl. 1.

35 Ebd., Bl. 2.
36 Ebd.
37 Ebd., Bl. 3.
38 Ebd.
39 Ebd.
40 Ebd.
41 Ebd., Bl. 5.
42 Vgl. *Niederschriftsbuch*, a.a.O., 9. Dezember 1928.
43 Vgl. Schulze, Bärbel, *Geschichte des Pfarrhauses in Schenkendorf*, in: Heimatkalender 2010. Königs Wusterhausen und Dahmeland, 16. Jg., hrsg. vom Heimatverein Königs Wusterhausen 1990 e. V., o.A., S. 60.
44 Theodor Jakob Flatau gehörte das Anwesen bis 1873.
45 Blume, *Ein Heimatbuch der Gemeinden Krummensee und Schenkendorf im Schenkenländchen*, a.a.O., S. 70.
46 Deutsche Gesellschaft e. V., *Landpartie*, a.a.O., S. 25.
47 Vgl. Blume, *Ein Heimatbuch der Gemeinden Krummensee und Schenkendorf im Schenkenländchen*, a.a.O., S. 68.
48 Wenn in diverser Literatur zu finden ist, dass die Glocken von Rudolf Mosse gestiftet wurden und die Namen der Geschwister [sic!] Felizia [sic!] und Gerhard trugen, so zeigt doch ein Blick auf das Stiftungsdatum und auf den Stammbaum der Familie, dass dies unmöglich der Wahrheit entsprechen kann.
49 Vgl. Wert, a.a.O.
50 Runge / Stelbrink, a.a.O., S. 17.
51 Vgl. Adamy, Kurt, *Die preußische Provinz Brandenburg im Deutschen Kaiserreich (1871–1918)*, in: Brandenburgische Geschichte, hrsg. von Ingo Materna / Wolfgang Ribbe, Berlin 1995, S. 552.
52 Auf der Glocke steht zu lesen: »Dienet dem Herrn mit Freuden. Gestiftet von Lachmann-Mosse in Schenkendorf 1928. Franz Schilling Soehne in Apolda gossen mich.« Die Glockengießerei existierte von 1722 -bis1988 und stellte insgesamt ca. 20.000 Glocken her. Bis heute sind dort gefertigte Glocken auf fünf Kontinenten zu finden.
53 Wert, a.a.O.
54 Mosse, George L., *Aus grossem Hause*, a.a.O., S. 24.
55 Vgl. Hübener / Leps, *Jüdische Unternehmerfamilien und ihre Güter im südlichen Brandenburg*, a.a.O., S. 330.

1933 – Das Gut nach der Flucht

1 Vgl. Richarz, Monika (Hg.), *Bürger auf Widerruf. Lebenszeugnisse deutscher Juden 1780–1945*, München 1989, S. 48.
2 Vgl. Nakath, Monika (Hg.), *Aktenkundig: »Jude!«: Nationalsozialistische Judenverfolgung in Brandenburg 1933–1945. Vertreibung – Ermordung –Erinnerung*, Berlin 2010, S. 33.
3 Vgl. LAB, A Pr. Br. Rep. 057 Nr. 1228, *Der Stadtpräsident der Reichshauptstadt Berlin (1920–)1933–1945, Entjudung von Berliner Grundbesitz*, o. B.
4 Vgl. Hermand, a.a.O., S. 180.
5 Nach Aufspaltung der 9. Armee der deutschen Wehrmacht bei Seelow bewegte

sich ein Teil von ihr als Kessel parallel zur Autobahn Dresden–Berlin in Richtung Potsdam und wurde, um nicht in die Flanke des auf Berlin marschierenden Marschall der Sowjetunion Konev zu stoßen, in dem Gebiet um die Ortschaft Halbe gestellt. Da die russischen Truppen den Auftrag hatten, die 9. Armee endgültig zu vernichten, forderte diese Schlacht im April 1945 annähernd 60.000 Tote. Darunter vermutlich auch Otto Burchardt, da er höchstwahrscheinlich als Volkssturmmitglied beteiligt war.

6 Vgl. Interview mit der Ortschronistin.

7 Anton Winkelnkemper (1905–nach 1945) war Jurist, SS-Standartenführer und Mitglied des Reichstages der NSDAP. Ab November 1940 hatte das Amt des Intendanten der Reichsradiogesellschaft inne, am 21. April 1941 wurde er Auslandsdirektor des Großdeutschen Rundfunks, als der er auch das Gut Schenkendorf bezog.

8 Vgl. Handschriftliche Aufzeichnungen, a.a.O.

9 Runge/Stelbrink, a.a.O., S. 24.

10 Mosse, George L., *Aus grossem Hause*, a.a.O., S. 68.

11 »Ulk« war die Abkürzung für die drei zu bedienenden Abteilungen: Unsinn, Leichtsinn und Kneipsinn und die Satirebeilage. Sie erschien 1872 bis 1933. Chefredakteur war u. a. der deutsche Journalist und Schriftsteller Kurt Tucholsky. Mosse, George L., *Aus grossem Hause*, a.a.O., S. 66.

12 Mosse, George L., *Jüdische Intellektuelle in Deutschland. Zwischen Religion und Nationalismus*, in: Edition Pandora, hrsg. von Helga und Ulrich Rauf, Frankfurt/Main 1992, S. 41.

13 Yvette Gilbert (1865–1944) war eine französische Sängerin, die die Zuhörer weniger durch ihre Sangeskunst als durch ihre Vortragsweise beeindruckte. Die Lieder ähnelten Sprechgesang und bestachen durch pointierte Darstellung und scharfe, oft zeitkritische Texte.

14 Vgl. Mosse, George L., *Jüdische Intellektuelle in Deutschland*, a.a.O., S. 41.

15 Vgl. ebd., S. 45.

16 Der Begriff des Sündenbock ist biblischer Herkunft und bei Levitikus 16, 1-28 verzeichnet. An Jom Kippur verkündete der Hohepriester die Sünden des Volkes Israel und übertrug sie symbolisch auf einen Ziegenbock. Mit der Vertreibung des Bocks in die Wüste wurden auch die Sünden verjagt. Damals und heute steht dieser Begriff demzufolge im Kontext einer tatsächlichen Schuld.

17 Rürup, Reinhard, *Emanzipation und Krise – Zur Geschichte der »Judenfrage« in Deutschland vor 1890*, in: Juden im Wilhelminischen Deutschland 1890–1914, hrsg. von Werner E. Mosse, Tübingen 1976, S. 28.

18 Vgl. Adler, H. G., *Die Juden in Deutschland. Von der Aufklärung bis zum Nationalsozialismus*, München 1988², S. 152.

19 Auszug aus »Der Angriff« vom 29. Januar 1929: »Man kann den Juden nicht positiv bekämpfen. Er ist ein Negativum, und dieses Negativum muß ausradiert werden aus der deutschen Rechnung. […] Der Jude hat in deutschen Fragen nichts mitzureden. Er ist Ausländer, Volksfremder, der nur Gastrecht unter uns genießt, und zwar ausnahmslos in mißbräuchlicher Weise. Die sogenannte religiöse Moral der Juden ist keine Moral, sondern eine Anleitung zum Betrug. Deshalb hat sie auch kein Recht auf Schutz und Schirm der Staatsgewalt. […] Sein System kann nicht wirtschaftlich […], sondern nur politisch gebrochen

werden. Ein Jude kann einen Deutschen gar nicht beleidigen. Jüdische Verleumdungen sind nur Ehrennarben für einen deutschen Judengegner. […] Wer den Juden schont, versündigt sich am eigenen Volk. Man kann nur Judenknecht oder Judengegner sein. Die Judengegnerschaft ist eine Sache der persönlichen Sauberkeit.« Adler, a.a.O., S. 149.

20 Hermand, a.a.O., S. 180 f.

21 Mosse, George L., *Aus grossem Hause*, a.a.O., S. 42.

22 Vgl. ebd., S. 45 f.

23 Runge / Stelbrink, a.a.O., S. 20.

24 Vgl. Gay, Peter, *Begegnung mit der Moderne – Deutsche Juden in der deutschen Kultur*, in: Juden im Wilhelminischen Deutschland 1890–1914, hrsg. von Werner E. Mosse, Tübingen 1976, S. 246.

25 Runge / Stelbrink, a.a.O., S. 24.

26 Vgl. Meyer, Michael A., *Jüdische Identität in der Moderne*, Frankfurt / Main 1992, S. 119 und 121.

27 Leo Baeck (1873–1956) war Rabbiner und zu seiner Zeit der bedeutendste Vertreter des liberalen Judentums, außerdem unbestrittene Führungsfigur und Repräsentant der deutschen Judenheit.

28 Gidal, a.a.O., S. 246.

29 Vgl. Richarz, a.a.O., S. 50–52.

30 Vgl. Mosse, *Aus grossem Hause*, a.a.O., S. 366.

31 Runge / Stelbrink, a.a.O., S. 27.

32 Vgl. Mosse, George L., *Aus grossem Hause*, a.a.O., S. 121.

33 Vgl. Gay, a.a.O., S. 246.

34 Weiß, Edda, *Die nationalsozialistische Judenverfolgung in der Provinz Brandenburg 1933–1945*, in: Akademische Abhandlungen zur Geschichte, Berlin 2003, S. 366.

35 Runge / Stelbrink, a.a.O., S. 36.

36 Hermand, a.a.O., S. 189.

37 Nakath, a.a.O., S. 17 und 26.

38 Vgl. Merten, a.a.O.

39 Runge / Stelbrink, a.a.O., S. 10 f.

40 Mosse, George L., *Aus grossem Hause*, a.a.O., S. 27 f.

41 Vgl. Härtsch, a.a.O., S. 111.

42 Vgl. Kraus, *Die Familie Mosse*, a.a.O., S. 597.

43 Vgl. Hermand, a.a.O., S. 180.

44 Förster, Andreas, *Im Dorf reden sie hochachtungsvoll von dem »Juden«. Die Erben des Zeitungskönigs Rudolf Mosse wollen ein Rittergut in Dyrotz bei Berlin zurückhaben*, in: Berliner Zeitung, 15. April 1996.

45 Der Hauptgrund für die forcierte Rückkehr Hans Lachmann-Mosses lag wahrscheinlich darin begründet, dass sowohl Hermann Göring als auch Joseph Goebbels die über ganz Europa verteilten Filialen der Annoncenexpedition zu Spionagezentren umzufunktionieren wollten.
Runge / Stelbrink, a.a.O., S. 28 f.

46 Vgl. Halen / Greve, a.a.O., S. 27.

47 Vgl. Richarz, a.a.O., S. 48.

48 Vgl. Hübener, *Jüdische Unternehmerfamilien und ihre Güter im südlichen Brandenburg*, a.a.O., S. 614.

49 Mosse, George L., *Aus grossem Hause*, a.a.O., S. 150.

50 Vgl. ebd., S. 150f.

51 Dadurch blieb ihm das Schicksal vieler anderer junger, jüdischer Männer erspart, die nach England geflohen und nach Kriegsbeginn in Kanada oder Australien als sogenannte Aliens in Internierungslager gesperrt wurden. Vgl. Hermand, a.a.O., S. 182.

52 Vgl. Schoeps, a.a.O.

53 Vgl. Pallgen, Martin, *Früherer Besitz der Mosses vom Verfall bedroht. Gut Schenkendorf steht seit dem Auszug der DDR-Grenztruppen leer*, in: Der Tagesspiegel, 31. Dezember 1991/1. Januar 1992.

54 Verzeichnet auf den Grundbuchblättern 6, 78, 97, 148 und 152. Vgl. BLHA, Rep. 5 E Amtsgericht Königs Wusterhausen Nr. 218, a.a.O., o. Bl.

55 Ebd., Bl. 3.

56 Das Gut tauchte dabei auf den grundbuchamtlichen Blättern 78, 148, 152 als zur Verfügung gestelltes Vermögen auf. Ebd., o. Bl.

57 In Anwendung von § 4 Absatz 3. Ebd.

58 Ebd.

59 Diese Verordnung bezog sich auf das deutsche Reichsgesetz vom 26. Mai 1933 über die Einziehung kommunistischen Vermögens, das die obersten Landesbehörden ermächtigte Vermögen, Sachen und Rechte von KPD und SPD, sowie deren Hilfs- und Ersatzorganisationen dauerhaft und entschädigungslos einzuziehen. Zu Beginn der Deportationen von Juden im Oktober 1941 wurde das Gesetz auf diese erweitert. So war es möglich, dass das gesamte jüdische Vermögen zu Gunsten des Deutschen Reichs über die Finanzämter eingezogen wurde. Die nationalsozialistischen Verwaltungsjuristen bedienten sich dieses Gesetzes, um eine formaljuristische Scheinlegitimität zu wahren und auch vorher eingezogenes Vermögen bzw. Besitz durch die Maßgabe der Bestimmungen rückwirkend zu bestätigen. Dieser Rückgriff bediente sich der Behauptung, dass das einzuziehende Vermögen staatsfeindlicher Verwendung diene und unterstellte allen Juden per se volks- und staatsfeindliche Bestrebungen. Um die Vorgänge vereinfachen zu können, wurde 1941 allen außerhalb der Grenzen des Großdeutschen Reichs lebenden Juden die deutsche Staatsbürgerschaft entzogen und ihr Vermögen fiel automatisch an den Staat.

60 Vgl. BLHA, Rep. 5 E Amtsgericht Königs Wusterhausen Nr. 218, a.a.O., o. Bl.

61 Ebd., Bl. 3.

62 Ebd., Bl. 4.

63 BLHA, Rep. 5 E Amtsgericht Königs Wusterhausen Nr. 218, a.a.O., Bl. 37.

64 Ebd., Bl. 40.

65 Durch beruflichen Bescheid vom 11.8.1934. Ebd., Bl. 41.

66 Ebd., Bl. 59.

67 Vgl. ebd., Bl. 86.

68 Ebd., Bl. 46.

69 94 Rue St. Lazare, Agence de Publicité de L´EuropeCentrale S.A. Die Adresse

konnte erst durch Kommunikation zwischen Rechtsanwalt Weidler und der deutschen Botschaft/Paris bestätigt werden. Vgl. ebd., Bl. 44, 92 und 95.

70 Vgl. ebd., Bl. 103.
71 Vgl. BLHA, Rep. 5 E Amtsgericht Königs Wusterhausen Nr. 218, a.a.O., Bl. 107.
72 Ebd., Bl. 108.
73 Ebd.
74 Ebd.
75 Ebd., Bl. 109.
76 Ebd., Bl. 108f.
77 Im Rahmen des angewandten Reglements hätte nach dem mit dem Erwerber geschlossenen Kaufvertrag der Käufer nur bis zur Höhe des Kaufpreises mitbieten und ein eventueller Mehrerlös sogar an den Käufer ausbezahlt werden müssen. Vgl. ebd., Bl. 109.
78 Ebd., Bl. 112f.
79 Ebd., Bl. 113.
80 Vgl. ebd., Bl. 146.
81 Dies steht in Zusammenhang mit dem sogenannten preußischen Grundschuldbrief der bedingte, dass mit 1. Januar 1934 100.000 GM min. RM Grundschuld mit fünf Prozent jährlich für die Rudolf Mosse Treuhandverwaltung GmbH Berlin verzinslich und der jeweilige Eigentümer der sofortigen Zwangsvollstreckung zu unterwerfen sei.
82 BLHA, Rep. 5 E Amtsgericht Königs Wusterhausen Nr. 218, a.a.O., Bl. 164 und 258–261.
83 Dieser nahm an der deutschen Botschaft in Paris als Attaché die konsularischen Geschäfte wahr und hatte am 17. Oktober 1933 durch Hans Lachmann-Mosse in beglaubigter Form Generalvollmacht erhalten.
84 Vgl. BLHA, Rep. 5 E Amtsgericht Königs Wusterhausen Nr. 218, a.a.O., Bl. 262.
85 Ebd., ohne Blatt.
86 Gemäß § 14 des Reichssiedlungsgesetzes (RSiedlG) vom 11. August 1918. Der Paragraf besagte, dass der Landlieferungsverband das Vorkaufsrecht auf alle großen Güter seines Bezirkes besaß und es auf Verlangen der gemeinnützigen Siedlungsunternehmen ausüben musste.
87 BLHA, Rep. 5 E Amtsgericht Königs Wusterhausen Nr. 218, a.a.O., Bl. 169 und 194.
88 Vgl. ebd., Bl. 255.
89 Vgl. ebd., Bl. 270.
90 Vgl. Bent, Marika, *Berlins Fleetstreet. Mediengeschichte. Die Initiative »Berliner Zeitungsviertel« will das Quartier rund um die Kochstraße bekannter machen*, in: Märkische Allgemeine Zeitung, 3. Juli 2008.
91 BLHA, Rep. 250 Landratsamt Teltow Nr. 414, o. Bl.
92 Vgl. Handschriftliche Aufzeichnungen, a.a.O.

1945 – Das Rittergut wird Volkseigentum

1 Vgl. Bienert, Michael C./Schreckenbach, Hans Joachim, *Das Land und die Bezirke. Brandenburg in den Jahren der SBZ/DDR (1945–1989/90)*, in: Beck, Friedrich u. a. (Hg.), Brandenburg. Neues altes Land. Geschichte und Gegenwart, in: Branden-

burgische Historische Studien, Bd. 15, hrsg. von der Brandenburgischen Historischen Kommission e. V., Berlin 2010, 99.

2 Mit Beschluss des Alliierten Kontrollrats von 1947, der die Zerschlagung Preußens veranlasste, wurde auch die preußische Provinz Mark Brandenburg, die seit dem Wiener Kongress 1815 bestanden hatte, aufgelöst und das Land Brandenburg gebildet. Vgl. Sobotka, Bruno J. / Strauss, Jürgen, *Burgen, Schlösser, Gutshäuser in Brandenburg und Berlin*, hrsg. von Bruno J. Sobotka, Berlin 1992, S. 16.

3 Vgl. Bienert / Schreckenbach, a.a.O., S. 109 f.

4 Vgl. Borchert, a.a.O., S. 82.

5 Vgl. Bath, a.a.O., S. 101.

6 Wilhelm Pieck (1876–1960) war ein deutscher Politiker, Sozialdemokrat und später Kommunist. Außerdem war er Mitbegründer der SED und von 1949 bis zu seinem Tod der einzige Präsident der DDR.

7 Bath, a.a.O., S. 101.

8 Vgl. ebd.

9 Vgl. Sobotka / Strauss, a.a.O., S. 32.

10 Bath, a.a.O., S. 101 f.

11 Ebd.

12 Bernhard Bechler (1911–2002) war Offizier der Wehrmacht und später der NVA sowie von 1946 bis 1949 Innenminister des Landes Brandenburg.

13 Vgl. BLHA, Rep. 250 Landratsamt Teltow Nr. 414, o. Bl.

14 Vgl. Bienert / Schreckenbach, a.a.O., S. 109 f.

15 Ebd., S. 109.

16 Ebd.

17 BLHA, Rep. 208 Nr. 1887, *Maßnahmen zur Durchführung der Bodenreform in der Gemeinde Schenkendorf des Kreises Teltow 1946–1950*, Bl. 105.

18 Vgl. BLHA, Rep. 250 Landratsamt Teltow Nr. 414, o. Bl.

19 BLHA, Rep. 208 Nr. 1887, Bl. 107.

20 Vgl. BLHA, Rep. 250 Landratsamt Teltow Nr. 414, o. Bl.

21 Vgl. BLHA, Rep 238 Bodenkulturamt Mahlow Nr. 351, *Bodenreform in Schenkendorf 1946–1953*, Bl. 1.

22 BLHA, Rep. 250 Landratsamt Teltow Nr. 415, *Bodenreform in Schenkendorf 1945–1953*, o. Bl.

23 Gemäß Art. 4 Ziffer 1 der Verordnung über die Bodenreform vom 6. September 1945.Diese hatte zum wesentlichen Ziel, neue und selbstständige Bauernwirtschaften für landlose Bauern, Landarbeiter und kleine Pächter zu errichten. Dadurch wurden die Eigentumsverhältnisse auf dem Land radikal verändert und tief in die Bevölkerungsstruktur der Ortschaften und Dörfer eingegriffen.

24 KLDS, Rep. A-4 Gemeinde Schenkendorf Nr. 16, *Durchführung der Bodenreform 1945–1951*, o. Bl.

25 Vgl. KLDS, Rep. A-4 Gemeinde Schenkendorf Nr. 16, o. Bl.

26 BLHA, Rep. 203 Amt zum Schutz des Volkseigentums Nr. Bo 1721, *Schloß Schenkendorf 1950–1952*, o. Bl.

27 BLHA, Rep. 203 Amt zum Schutz des Volkseigentums Nr. Bo 1721, o. Bl.

28 Vgl. LAB, C Rep. 105 Nr. 6901, *Magistrat von Berlin –Finanzen, Erfassung und Verwaltung ehemals jüdischen Vermögens bis 1952*, Bl. 68.

29 Ebd., Bl. 103.

30 Ebd.
31 LAB, C Rep. 105 Nr. 6916, *Magistrat von Berlin – Finanzen, Erfassung von Grundstücken ehemaligen jüdischen Besitzes 1952–1954*, o. Bl.
32 LAB, C Rep. 105 Nr. 6901, Bl. 066.
33 Vgl. LAB, C Rep. 105 Nr. 6922, *Klärung von Eigentumsansprüchen 1950–1953*, o. Bl.
34 Hübener/Leps, *Der Zeitungsverleger Rudolf Mosse als Besitzer des Rittergutes Schenkendorf*, a.a.O., S. 55.
35 Vgl. LAB, C Rep. 105 Nr. 6901, Bl. 68.
36 Kraus, *Die Familie Mosse*, a.a.O., S. 598 f.
37 Einen Überblick gibt insbesondere BLHA, Rep. 250 Landratsamt Teltow, Nr. 414, die auch einen Übersichtsplan dazu enthält.
38 BLHA, Rep. 250 Landratsamt Teltow Nr. 414, o. Bl.
39 BLHA, Rep. 204A Nr. 1673, *Meldungen und Erfassung von Provinzial-Eigentum durch die Kreise 1945–1946*, Bl. 7.
40 Vgl. KLDS, Rep. A-4 Gemeinde Schenkendorf Nr. 16, o. Bl.
41 Vgl. BLHA, Rep. 250 Landratsamt Teltow Nr. 414, o. Bl.
42 Vgl. ebd.
43 Vgl. ebd.
44 BLHA, Rep. 238 Bodenkulturamt Mahlow Nr. 351, Bl. 2.
45 Vgl. KLDS, Rep. A-4 Gemeinde Schenkendorf Nr. 16, o. Bl.
46 Vgl. BLHA, Rep. 203 Amt zum Schutz des Volkseigentums Nr. Bo 1721, o. Bl.
47 Vgl. BLHA, Rep. 238 Bodenkulturamt Mahlow Nr. 351, Bl. 52.
48 Vgl. BLHA, Rep. 203 Amt zum Schutz des Volkseigentums Nr. Bo 1721, o. Bl.
49 Diese stellen in Zentralverwaltungswirtschaften ein übliches Instrument zur Planung von volkswirtschaftlichen Aktivitäten und enthalten in der Regel Angaben über die Zuweisungen von Fonds, Ressourcen und Vorgaben für die zu erbringende Produktion bzw. Dienstleistung. Die Pläne legen viele ökonomische Variablen fest – unter anderem Investitionen, Preise und Löhne. In der DDR wurden sie durch die Staatliche Planungskommission aufgestellt.
50 Vgl. BLHA, Rep. 203 Amt zum Schutz des Volkseigentums Nr. Bo 1721, o. Bl.
51 Vgl. BLHA, Rep. 250 Landratsamt Teltow Nr. 414, o. Bl.
52 Ebd.
53 Vgl. BLHA, Rep. 250 Landratsamt Teltow Nr. 414, o. Bl.
54 KLDS, Rep. A-4 Gemeinde Schenkendorf Nr. 16, o. Bl.
55 Vgl. BLHA, Rep. 250 Landratsamt Teltow Nr. 414, ohne Blatt und BLHA, Rep. 238 Bodenkulturamt Mahlow Nr. 351, Bl. 18.
56 Vgl. KLDS, Rep. A-4 Gemeinde Schenkendorf Nr. 16, o. Bl.
57 Vgl. ebd.
58 Gemäß der SMAD-Befehle Nr. 163 und Nr. 209. KLDS, Rep. A-4 Gemeinde Schenkendorf Nr. 5, *Protokolle der Gemeindevertretersitzungen 1946–1957*, o. Bl.
59 Vgl. ebd.
60 Vgl. KLDS, Rep. A-4 Gemeinde Schenkendorf Nr. 6, *Protokolle der Gemeindevertretersitzungen 1957–1963*, o. Bl.
61 Vgl. ebd.
62 Vgl. ebd.
63 Vgl. Sobotka/Strauss, a.a.O., S. 24.

64 Vgl. Ribbe, Wolfgang, *Das Land Brandenburg in der SBZ/DDR (1945–1952)*, in: Brandenburgische Geschichte, hrsg. von IngoMaterna/Wolfgang Ribbe, Berlin 1995, S. 149.
65 Vgl. BLHA, Rep. 250 Landratsamt Teltow Nr. 414, Bl. 30.
66 Vgl. BLHA, Rep. 203 Amt zum Schutz des Volkseigentums Nr. Bo 1721, o. Bl.
67 Interview mit der Ortschronistin.
68 Die Informationen sind zusammengebracht aus den Aufzeichnungen der Schenkendorfer Ortschronistin, die teilweise Kontakt mit dort stationierten Soldaten aufgenommen hatte, und dem im ZMSBw befindlichen Werk »Hinter der Mauer« von Axel Klausmeier, das noch einige wenige Angaben über den Standort Schenkendorf beinhaltet. Wahrscheinlich wären noch nähere Informationen den Beständen des BAMA zu entnehmen.
69 Klausmeier, Axel, *Hinter der Mauer. Zur militärischen und baulichen Infrastruktur des Grenzkommandos Mitte*, in: Beiträge zur Geschichte von Mauer und Flucht, hrsg. von der Stiftung Berliner Mauer, Berlin 2012, S. 52.
70 Vgl. ebd., S. 320 f.
71 Vgl. Klausmeier, a.a.O., S. 37 f.
72 Vgl. ebd., S. 29.
73 Vgl. ebd., S. 15.
74 Vgl. ebd., S. 38.
75 Im offiziellen Sprachgebrauch der Teilnehmerstaaten als Warschauer Vertragsorganisation bezeichnet war der Warschauer Pakt ein von 1955 bis 1991 bestehender militärischer Beistandspakt des früheren Ostblocks unter Administration der Sowjetunion und verstand sich im Kalten Krieg als Gegenstück zur durch die USA geführten NATO.
76 Vgl. Klausmeier, a.a.O., S. 39 f.
77 Vgl. Pallgen, a.a.O.
78 Vgl. Klausmeier, a.a.O., S.113 und 284.
79 Vgl. Interview mit dem Heimatverein.
80 Vgl. KLDS, Rep. A-4 Gemeinde Schenkendorf Nr. 6, o. Bl.
81 Dieses wurde am 28. Juli 1953 als Ensemble der DGP gegründet und erst später in Hans Beimler Ensemble umbenannt.
82 Das EWE war das professionelle Kulturensemble der NVA und beinhaltete Männerchor, Ballett, Orchester, Kabarett u.v.m. Es wurde am 15. Juli 1950 als Volksensemble unter der KVP gegründet und mit Gründung der NVA dieser als EWE übergeben. Durch das vielfältige Repertoire erlangte das EWE nationale und internationale Anerkennung und ging 1989 im Zuge der Wiedervereinigung in der Bundeswehr auf.
83 Interview mit dem Heimatverein.
84 Vgl. Handschriftliche Aufzeichnungen, a.a.O.
85 Klausmeier, a.a.O., S. 127.
86 Vgl. Klausmeier, a.a.O., S. 127.
87 Vgl. Handschriftliche Aufzeichnungen, a.a.O.
88 Fischer bekleidete ab April 1989 das Amt des Sekretärs des Verbandes der jüdischen Gemeinden der DDR und übernahm die Leitung dieser neu eingerichteten Geschäftsstelle, ebenso ab 1990 die der Berliner Außenstelle des Zentralrates der Juden in Deutschland.
89 Vgl. Pallgen, a.a.O.

1990 – Die Restitution

1 Als solche fungierte zuerst die Rudolf Mosse Treuhandverwaltung GmbH, später die Treuwa Treuhandverwaltung GmbH.

2 Im Grundbuch auf den Blättern 6, 78, 97, 148, 152 verzeichnet.

3 Vgl. *Entscheidungsbegründung Landkreis Dahme-Spreewald. Der Landrat. Amt zur Regelung offener Vermögensfragen auf Grundlage des Gesetzes zur Regelung offener Vermögensfragen*, wahrscheinlich nach Mai 2001, S. 4.

4 Vgl. ebd., S. 5.

5 Vgl. Mosse, *Aus grossem Hause*, a.a.O., S. 367.

6 Vgl. Hermand, a.a.O., S. 183.

7 Vgl. Goschler, Constantin, *Markt und Mäzenatentum. Jüdische Kunstmäzene im Spannungsfeld von Rückerstattung und Zivilgesellschaft*, in: Sammeln, Stiften, Fördern. Jüdische Mäzene in der deutschen Gesellschaft, in: Veröffentlichungen der Koordinierungsstelle für Kulturgutverluste, Bd. 6, hrsg. von der Koordinierungsstelle für Kulturgutverluste Magdeburg, Magdeburg 2008, S. 227.

8 Vgl. BLHA, Rep. 204A Nr. 2754b, *Rechtliche Behandlung ehemals jüdischen Vermögens inklusive Rückgabe eingezogenen Grundbesitzes und Rückerstattung von Vermögenswerten (1942–1944) 1945–1946*, o. Bl.

9 26. April 1938, RGBl I S. 414.

10 Vgl. ebd., Bl. 1.

11 25. November 1941, RGBl I S. 722.

12 Ebd., Bl. 4.

13 Ebd., Bl. 5.

14 Ebd., Bl. 5 f.

15 Juristisch als Anspruchsberechtigte bezeichnete Personen haben, im Gegensatz zu vollgültigen Erben, nur Recht auf den sogenannten Pflichtanteil eines Erbes.

16 Vgl. BLHA, Rep. 204A Nr. 2754b, Bl. 6 f.

17 Vgl. ebd., Bl. 7.

18 Ebd.

19 Ebd.

20 Also sie selbstständig der Bodenreform und den Neubauernwirtschaften zuzuführen. Vgl. ebd.

21 Vgl. Goschler, a.a.O., S. 224.

22 Vgl. ebd., S. 226 f.

23 Vgl. Runge/Stelbrink, a.a.O., S. 14.

24 Vgl. Kraus, *Die Familie Mosse*, a.a.O., S. 600. Nießbrauch bezeichnet das unveräußerliche und unvererbliche absolute Recht, die Nutzungen einer Sache oder eines Rechts zu ziehen. Das Eigentum an einer Sache verleiht dem Eigentümer drei Rechte: Nutzung, Fruchtziehung und Verfügung. Durch Anwendung des Nießbrauchs überträgt der Eigentümer das Recht von Nutzung und Fruchtziehung an Dritte.

25 Vgl. Mosse, *Aus grossem Hause*, a.a.O., S. 367.

26 Vgl. ebd., S. 366.

27 Vgl. ebd., S. 366 f.

28 Bei der hierfür in der Hauptsache herangezogenen Quelle handelt es sich aller

Wahrscheinlichkeit nach um eine Entscheidungsbegründung des *Landkreis Dahme-Spreewald. Der Landrat. Amt zur Regelung offener Vermögensfragen auf Grundlage des Gesetzes zur Regelung offener Vermögensfragen.* Diese Quelle ist leider nur unvollständig überliefert und demzufolge ein exaktes Datum nicht rekonstruierbar. Aus den weiteren vorliegenden Schriftstücken *Landkreis Dahme-Spreewald. Der Landrat. Amt zur Regelung offener Vermögensfragen, betr.: Durchführung des Gesetzes zur Regelung offener Vermögensfragen (VermG)* und *Landkreis Dahme-Spreewald. Der Landrat. Amt zur Regelung offener Vermögensfragen, betr.: Durchführung des Gesetzes zur Regelung offener Vermögensfragen (VermG). Mitteilung über eine beabsichtigte Entscheidung*–beide datiert auf den 2. Mai 2001 – ist jedoch zu entnehmen, dass sie nicht viel später als Mai 2001 ergangen sein kann.

29 Vgl. *Landkreis Dahme-Spreewald. Der Landrat. Amt zur Regelung offener Vermögensfragen, betr.: Durchführung des Gesetzes zur Regelung offener Vermögensfragen*, 2. Mai 2001.

30 Vgl. *Landkreis Dahme-Spreewald. Der Landrat. Amt zur Regelung offener Vermögensfragen, betr.: Durchführung des Gesetzes zur Regelung offener Vermögensfragen.* Mitteilung über eine beabsichtigte Entscheidung, 2. Mai 2001.

31 Tochter von Rudolf Lachmann-Mosse, dem Bruder George L. Mosses.

32 Vgl. *Entscheidungsbegründung*, a.a.O., S. 2.

33 Ursprünglich eingetragen im Grundbuch von Schenkendorf Bd. II, Bl. 6, Gemarkung Schenkendorf, Kartenblatt 1 Parzelle 735/1 und 736/2 und im Grundbuch von Mittenwalde Bd. IV, Bl. 92, Gemarkung Mittenwalde, Kartenblatt 13 Parzelle 383/166.Vgl. *Entscheidungsbegründung*, a.a.O., S. 2.

34 Vgl. *Landkreis Dahme-Spreewald*, a.a.O.

35 *Entscheidungsbegründung*, a.a.O., S. 3.

36 Vgl. ebd., S. 4.

37 »Unter anderem wurden am 28. 06. 1935 die o.g. Vermögenswerte, in Schenkendorf Kartenblatt 1 Parzellen 735/1 und 736/2 sowie in Mittenwalde Kartenblatt 13 Parzelle 383/166 verkauft.« Ebd.

38 Vgl. ebd., S. 5 f.

39 Vgl. ebd., S. 7.

40 Vgl. ebd.

41 Ebd.

42 Ebd.

43 Gemäß § 4 Abs. 2 VermG.

44 Dieser schloss Redlichkeit seitens des Erwerbers aus.

45 Vgl. *Entscheidungsbegründung*, a.a.O., S. 8.

46 Die Entscheidung bzgl. Der Kosten ergab sich aus § 38 Abs. 1,2 S. 1,3 VermG. Vgl. ebd.

47 Vgl. Interview mit dem Heimatverein.

48 Schubert, Peter, *Von den Nazis geraubter »Mosse Brunnen« steht im Garten des Außenministers. Alteigentümer prüfen Rückgabeanspruch*, in: Berliner Morgenpost, 2. August 1998.

49 Vgl. ebd.

50 1910 von Walter Schott als einer von drei Originalen gefertigt und von Rudolf Mosse für das Mosse-Palais am Leipziger Platz erworben.

51 Emil Georg von Stauß (1877–1942) war zwischen 1915 und 1932 Vorstandsmitglied

der Deutschen Bank und wechselte danach in deren Aufsichtsrat; zwischenzeitlich nahm er den Posten des Generaldirektors ein. Er pflegte enge Kontakte zur NSDAP und deren Führungspersönlichkeiten.

52 Schubert, a.a.O.

53 Da sich beide Skulpturen bis dato im Depot des Museums für Asiatische Kunst (Berlin-Friedrichshagen) befinden, sah sich Prinz Kretzulesco zu der Zeit, als er Eigentümer des Schlosses war, veranlasst, die beiden leeren Sockel anderweitig zu besetzen. Er ließ zwei ebenfalls steinerne Löwenskulpturen aufstellen. Die Wahl war motiviert durch zwei ähnliche Figuren, die dort installiert waren, bevor sie zu Beginn der 1920er-Jahre durch die Marmornen Windspiele ersetzt wurden.

54 Wo er u. a. von 1886 bis 1890 in seiner Funktion als Jurist und Rechtsberater der Regierung die neue japanische Verfassung maßgebend mitgestaltete. Vgl. Walk, Joseph, *Kurzbiographien zur Geschichte der Juden 1918–1945*, hrsg. vom Leo Baeck Institute. Jerusalem, München 1988, S. 272.

55 Durch einen Anruf der Ortschronistin bei dem damaligen Direktor der Asiatischen Abteilung der Staatlichen Museen zu Berlin, Prof. Dr. Veit, stellte sich Juni 2008 heraus, dass die Steinfiguren dort sind.

56 Vgl. Handschriftliche Aufzeichnungen, a.a.O.

57 Aktuell (2017) befinden sich die Skulpturen noch im Depot, da das Vorhaben nach dem dienstlichen Ausscheiden von Hrn. Veit nicht weiter verfolgt wurde. Vgl. Interview mit der Ortschronistin.

58 *Erwerbungsakten der Ostasiatischen Sammlung,* Staatliche Museen Berlin, heute in Museum für Asiatische Kunst der Staatlichen Museen Berlin, Stiftung Preußischer Kulturbesitz, ohne Blatt.

59 *Erwerbungsakten der Ostasiatischen Sammlung*, a.a.O., ohne Blatt.

60 Ebd.

61 Ebd.

62 Ebd.

63 Ebd.

64 Ebd.

65 Elstal war als Vorwerk dem Rittergut Dyrotzebenso zugehörig wie Marienhof zu Schenkendorf.

66 Vgl. www.kulturverein-wustermark.de/chronik/dyrotz.html(Stand 3. Mai 2013).

67 Vgl. http://www.wustermark.de/texte/seite.php?id=14832(Stand 24. April 2013).

68 Vgl. Härtsch, a.a.O., S. 71.

69 Vgl. www.kulturverein-wustermark.de, a.a.O.

70 Förster, Andreas, a.a.O.

71 Vgl. ebd.

72 Vgl. www.kulturverein-wustermark.de, a.a.O.

73 Vgl. ebd.

74 Eine 1898 gegründete, staatliche Siedlungsgesellschaft.

75 Sogenannte Rentengüter bezeichnen Bauernwirtschaften, die durch Aufteilung bzw. Umwandlung eines großen Gutes entstanden und gegen Entrichtung einer festen Geldrente erworben werden konnten. Die Tilgung dauerte teilweise bis in die 1950er-Jahre.

76 Vgl. *Mosse-Erben fordern 20 Grundstücke zurück* [ohne Autorenangabe], in: Berliner Morgenpost, 19. Februar 1995.
77 Ignatz Bubis (1927–1999) war autodidaktischer Kaufmann und Politiker der FDP. Das Amt des Vorsitzenden des Zentralrates der Juden in Deutschland bekleidete er von 1992 bis zu seinem Tod 1999.
78 Förster, Andreas, a.a.O.
79 Damals Guido Friese / SPD, der auch den Verkaufsversuch seitens der GT vereiteln konnte.
80 Runge / Stelbrink, a.a.O., S. 15.

1996 – Prinz Kretzulesco wird neuer Schlossherr

1 Vgl. *Wo Verleger Rudolf Mosse Ruhe fand*, a.a.O.
2 Vgl. Mosse, George L., *Aus grossem Hause*, a.a.O., S. 371.
3 Vgl. Borchert , a.a.O., S. 82.
4 Vgl. *Dracula hat auch das Gut gekauft. Zukunftsmusik: 15 kleine Läden/Brennerei soll rekonstruiert werden* [ohne Autorenangabe], in: Märkische Allgemeine Zeitung, 22. Januar 1997.
5 Die rumänische Prinzessin Katarina Kretzulesco adoptierte Berbig 1987, da sie selbst keine eigenen Nachkommen hatte.
6 Vgl. Härtsch, a.a.O., S. 70.
7 Vgl. *Kommt Dracula doch ins Schloß? Lachmann-Mosse-Anwalt: Es gibt Verhandlungen mit dem Prinzen* [ohne Autorenangabe], in: Märkische Allgemeine Zeitung, 1. März 1995.
8 Vgl. *Dracula hat auch das Gut gekauft*, a.a.O.
9 Vgl. Handschriftliche Aufzeichnungen, a.a.O.
10 Vgl. Pallgen, a.a.O.
11 Vgl. Mosse, George L., *Aus grossem Hause*, a.a.O., S. 370 f.
12 Vgl. Wert, a.a.O.
13 Vgl. *Brandenburger Rotkreuzmagazin 3/1995*, hrsg. vom Deutschen Roten Kreuz. Landesverband Brandenburg e. V., Berlin (o. J.).
14 Der Antiquitätenhändler Berbig war vor dem Erwerb zweimal Millionär und zweimal insolvent. Eine Tatsache, die bei der Bonitätsprüfung scheinbar hinter anderen Interessen zurückstand.
15 Diese erwarben neben dem vormaligen Rittergut zu Schenkendorf unter anderem auch ähnlich angelegte Anwesen in Teupitz / Brandenburg oder auch Bärenstein / Sachsen.
16 Der Verkehrswert betrug 535.000 Euro.
17 Vgl. Interview mit der Ortschronistin.
18 Vgl. Interview mit der Ortschronistin.

Fazit

1 Stand 2017.
2 Die Steinfiguren werden restituiert.

Quellen- und Literaturverzeichnis

Quellen

Ungedruckte Quellen

a) Brandenburgisches Landeshauptarchiv

Rep. 5 E Amtsgericht Königs Wusterhausen Nr. 218, *Das Amtsgericht Königs Wusterhausen betr.: Die Zwangsversteigerung von Schenkendorf.*

Rep. 203 Amt zum Schutz des Volkseigentums Nr. Bo 1721, *Schloß Schenkendorf 1950–1952.*

Rep. 204A Nr. 1673, *Meldungen und Erfassung von Provinzial-Eigentum durch die Kreise 1945–1946.*

Rep. 204A Nr. 2754b, *Rechtliche Behandlung ehemals jüdischen Vermögens inklusive Rückgabe eingezogenen Grundbesitzes und Rückerstattung von Vermögenswerten (1942–1944) 1945–1946.*

Rep. 208 Nr. 1887, *Maßnahmen zur Durchführung der Bodenreform in der Gemeinde Schenkendorf des Kreises Teltow 1946–1950.*

Rep. 238 Bodenkulturamt Mahlow Nr. 351, *Bodenreform in Schenkendorf 1946–1953.*

Rep. 250 Landratsamt Teltow Nr. 414, *Bodenreform in Schenkendorf 1945–1953.*

Rep. 250 Landratsamt Teltow Nr. 415, *Bodenreform in Schenkendorf 1945–1953.*

b) Heimatverein Schenkendorf und Krummensee e. V.

Ausstellung über die Geschichte des Ortes Schenkendorf.

Interview mit dem Heimatverein Schenkendorf und Krummensee e. V. (geführt am 29. August 2012).

c) Kreisarchiv Landkreis Dahme-Spreewald

Rep. A-4 Gemeinde Schenkendorf Nr. 5, *Protokolle der Gemeindevertretersitzungen 1946–1957.*

Rep. A-4 Gemeinde Schenkendorf Nr. 6, *Protokolle der Gemeindevertretersitzungen 1957–1963.*

Rep. A-4 Gemeinde Schenkendorf Nr. 15, *Allgemeines 1888–1930.*

Rep. A-4 Gemeinde Schenkendorf Nr. 16, *Durchführung der Bodenreform 1945–1951.*

d) Landesarchiv Berlin

A Pr. Br. Rep. 030 Nr. 15215, *Acta des Polizeipräsidii zu Berlin, betr.: Diejüdische Reformgemeinde 1859–1862/1895–1898.*

A Pr. Br. Rep. 057 Acc. 1501 Nr. 1228, *Der Stadtpräsident der Reichshauptstadt Berlin (1920–)1933–1945, Entjudung von Berliner Grundbesitz.*

A Pr. Rep. 057 Nr. 1996, *Akten des Polizeipräsidiums zu Berlin, betr.: Die Emilie- und Rudolf Mosse Stiftung für Knaben und Mädchen.*

A Rep. 000-02-01 Nr. 2504, *Akten der Stadtverordnetenversammlung zu Bln, betr.: Die Rudolf Mosse Altersversorgungsstiftung.*
C Rep. 105 Nr. 6901, *Magistrat von Berlin – Finanzen, Erfassung und Verwaltung ehemals jüdischen Vermögens bis 1952.*
C Rep. 105 Nr. 6916, *Magistrat von Berlin – Finanzen, Erfassung von Grundstücken ehemaligen jüdischen Besitzes 1952–1954.*
C Rep. 105 Nr. 6922, *Klärung von Eigentumsansprüchen 1950–1953.*
E Rep. 061-16 Nr. 3493-3537, *Wolff, Theodor.*

e) Museum für Asiatische Kunst
Erwerbungsakten der Ostasiatischen Sammlung, Staatliche Museen Berlin, heute in Museum für Asiatische Kunst der Staatlichen Museen Berlin, Stiftung Preußischer Kulturbesitz.

f) Privatarchiv der Ortschronistin von Schenkendorf, Frau Bärbel Schulze
Entscheidungsbegründung Landkreis Dahme-Spreewald. Der Landrat. Amt zur Regelung offener Vermögensfragen auf Grundlage des Gesetzes zur Regelung offener Vermögensfragen, wahrscheinlich nach Mai 2001.
Handschriftliche Aufzeichnungen der Ortschronistin von Schenkendorf, Bärbel Schulze.
Herrn und Frau Kunath, Brief von Felicia Lachmann-Mosse, 15. September 1933.
Interview mit der Ortschronistin von Schenkendorf, Bärbel Schulze.
(geführt u. a. am 18. und 25. September 2012).
Landkreis Dahme-Spreewald. Der Landrat. Amt zur Regelung offener Vermögensfragen, betr.: Durchführung des Gesetzes zur Regelung offener Vermögensfragen (VermG), 2. Mai 2001.
Landkreis Dahme-Spreewald. Der Landrat. Amt zur Regelung offener Vermögensfragen, betr.: Durchführung des Gesetzes zur Regelung offener Vermögensfragen (VermG). Mitteilung über eine beabsichtigte Entscheidung, 2. Mai 2001.
Niederschriftsbuch über die Beratungen mit den Gemeinderäten der Gemeinde Schenkendorf bei Königs Wusterhausen. 11. Dezember 1913–19. Juni 1937.

Gedruckte Quellen

Blume, Franz, *Ein Heimatbuch der Gemeinden Krummensee und Schenkendorf im Schenkenländchen,* in: Ortschronik von Krummensee, hrsg. von Franz Blume, o.A.
Chronik von Mittenwalde nebst Adress-Buch für Mittenwalde, Ragow, Telz, Crummensee, Gallun, Brusendorf, Groß-Machnow, Mittenwalde 1911.
Herrn Rudolf Mosse überreicht die Redaktion zum siebzigsten Geburtstage, 8. Mai 1913, diese Grüsse seiner Freunde und Mitarbeiter, Berlin 1913.
Flemming, Hans, *Mosse Almanach,* Berlin 1921.
Heinitz, *Bericht über die Rudolf Mosse'sche Erziehungs-Anstalt für Knaben und Mädchen zu Wilmersdorf Berlin. Für die Zeit vom 1. April 1907–31. März 1909,* Berlin 1909.
Spatz, Willy, *Der Teltow. Geschichte der Ortschaften des Kreises Teltow,* Bd. 3, Berlin 1912.

Sekundärliteratur

Monografien

Adler, H. G., *Die Juden in Deutschland. Von der Aufklärung bis zum Nationalsozialismus*, München 1988².

Bath, Herbert, *Die Schlösser und Herrenhäuser in Berlin und Brandenburg. Ein Überblick in Text und Bild*, Berlin 2001.

Deutsche Gesellschaft e. V. – Freundeskreis Schlösser und Gärten der Mark (Hg.), *Landpartie. Landkreis Dahme-Spreewald. Schlösser – Gutshäuser – Kirchen*, Königs Wusterhausen 2004.

Deutsche Gesellschaft e. V. – Freundeskreis Schlösser und Gärten der Mark (Hg.), *Burgen, Schlösser und Herrenhäuser in Brandenburg*, Berlin 2008.

Fischer, Heinz-Dietrich (Hg.), *Deutsche Presseverleger des 18. bis 20. Jahrhunderts*, in: Publizistik-Historische Beiträge, Bd. 4, hrsg. von Heinz-Dietrich Fischer, Pullach 1975.

Gidal, Nachum T., *Die Juden in Deutschland von der Römerzeit bis zur Weimarer Republik*, Köln 1997².

Hale, Oron J., *Presse in der Zwangsjacke 1933–1945*, Düsseldorf 1965.

Halen,Andreas / Greve, Uwe, *Vom Mosse-Verlag zum Mosse Zentrum*, hrsg. vom Mosse-Zentrum Berlin-Mitte, Berlin 1995.

Härtsch, Fritz, *Rudolf Mosse. Ein Verleger revolutioniert das Werbegeschäft*, Zürich (CH) 1996.

Heuer, Gerd F., *Entwicklung der Annoncen-Expeditionen in Deutschland*, in: Zeitung und Zeit, Bd. 5, Frankfurt / Main 1937.

Klausmeier, Axel, *Hinter der Mauer. Zur militärischen und baulichen Infrastruktur des Grenzkommandos Mitte*, in: Beiträge zur Geschichte von Mauer und Flucht, hrsg. von der Stiftung Berliner Mauer, Berlin 2012.

Kraus, Elisabeth, *Die Familie Mosse. Deutsch-jüdisches Bürgertum im 19. und 20. Jahrhundert*, München 1999.

Landratsamt Königs Wusterhausen (Hg.), *Königs Wusterhausen. Spaziergänge in die Umgebung*, Königs Wusterhausen 1993.

Ludwig, Andreas, *Der Fall Charlottenburg. Soziale Stiftungen im städtischen Kontext (1800–1950)*, in: Städteforschung. Veröffentlichungen des Instituts für vergleichende Städtegeschichte in Münster, Reihe A. Darstellungen, Bd. 66, hrsg. von Peter Johanek, Köln 2005.

Maier, Johann, *Das Judentum. Von der biblischen Zeit bis zur Moderne*, Bindlach 1973.

Melcher, Peter, *Weissensee. Ein Friedhof als Spiegelbild jüdischer Geschichte in Berlin*, Berlin 1986.

Mendelssohn, Peter de, *Zeitungsstadt Berlin. Menschen und Mächte in der Geschichte der deutschen Presse*, Frankfurt / Main 1982².

Meyer, Michael A., *Jüdische Identität in der Moderne*, Frankfurt / Main 1992.

Mosse, George L., *Jüdische Intellektuelle in Deutschland. Zwischen Religion und Nationalismus*, in: Edition Pandora, hrsg. von Helga und Ulrich Rauf, Frankfurt / Main 1992.

Mosse, George L., *Aus großem Hause. Erinnerungen eines deutsch-jüdischen Historikers*, München 2003.

Nakath, Monika (Hg.), *Aktenkundig: »Jude! «. Nationalsozialistische Judenverfolgung in Brandenburg 1933–1945. Vertreibung – Ermordung – Erinnerung*, in: Einzelveröffentlichung des Brandenburgischen Hauptarchivs, Bd. 10, hrsg. von Klaus Neitmann, Berlin 2010.

Richarz, Monika (Hg.), *Bürger auf Widerruf. Lebenszeugnisse deutscher Juden 1780–1945*, München, 1989.

Runge, Irene / Stelbrink, Uwe, *George Mosse: »Ich bleibe Emigrant«. Gespräche mit George L. Mosse*, Berlin 1991.

Schiller, René, *Vom Rittergut zum Großgrundbesitz. Ökonomische und soziale Transformationsprozesse der ländlichen Eliten im 19. Jahrhundert*, in: Elitenwandel in der Moderne, Bd. 3, hrsg. von Heinz Reif, Berlin 2003.

Schwarz, Gotthart, *Theodor Wolff und das »Berliner Tageblatt«. Eine liberale Stimme in der deutschen Politik 1906–1933*, in: Tübinger Studien zur Geschichte und Politik, Nr. 25, hrsg. von Hans Rothfels u. a., Tübingen 1968.

Sobotka, Bruno J. / Strauss, Jürgen, *Burgen, Schlösser, Gutshäuser in Brandenburg und Berlin*, hrsg. von Bruno J. Sobotka, Berlin 1992.

Weiß, Edda, *Die nationalsozialistische Judenverfolgung in der Provinz Brandenburg 1933–1945*, in: Akademische Abhandlungen zur Geschichte, Berlin 2003.

Aufsätze

Adamy, Kurt, *Die preußische Provinz Brandenburg im Deutschen Kaiserreich (1871–1918)*, in: Brandenburgische Geschichte, hrsg. von IngoMaterna / Wolfgang Ribbe, Berlin 1995, S. 503–560.

Augustine, Dolores L., *Die soziale Stellung der jüdischen Wirtschaftselite im Wilhelminischen Berlin*, in: Mosse, Werner E. / Pohl, Hans (Hg.), Jüdische Unternehmer in Deutschland im 19. und 20. Jahrhundert, in: Zeitschrift für Unternehmergeschichte, Bd. 64, hrsg. von Hans Pohl / Wilhelm Treue, Stuttgart 1992, S. 225–247.

Bienert, Michael C. / Schreckenbach, Hans Joachim, *Das Land und die Bezirke. Brandenburg in den Jahren der SBZ/DDR (1945–1989/90)*, in: Beck, Friedrich u. a. (Hg.), Brandenburg. Neues altes Land. Geschichte und Gegenwart, in: Brandenburgische Historische Studien, Bd. 15, hrsg. von der Brandenburgischen Historischen Kommission e. V., Berlin 2010, S. 98–128.

Gay, Peter, *Begegnung mit der Moderne – Deutsche Juden in der deutschen Kultur*, in: Juden im Wilhelminischen Deutschland 1890–1914, hrsg. von Werner E. Mosse, Tübingen 1976, S. 241–313.

Goschler, Constantin, *Markt und Mäzenatentum. Jüdische Kunstmäzene im Spannungsfeld von Rückerstattung und Zivilgesellschaft*, in: Sammeln, Stiften, Fördern. Jüdische Mäzene in der deutschen Gesellschaft, in: Veröffentlichungen der Koordinierungsstelle für Kulturgutverluste, Bd. 6, hrsg. von der Koordinierungsstelle für Kulturgutverluste Magdeburg, Magdeburg 2008, S. 223–233.

Hellige, Hans Dieter, *Jüdische Unternehmer zwischen wirtschaftsliberalem Laissez-faire, sozialliberalem Emanzipationsdenken und industriekonservativer Sammlungsbewegung*, in: Mosse, Werner E. / Pohl, Hans (Hg.), Jüdische Unternehmer in Deutschland im 19. und 20. Jahrhundert, in: Zeitschrift für Unternehmergeschichte, Bd. 64, hrsg. von Hans Pohl / Wilhelm Treue, Stuttgart 1992, S. 332–356.

Hermand, Jost, *Deutsche Juden jenseits des Judentums. Der Fall Gerhard, Israel, George L. Mosse*, in: Jahrbuch für Antisemitismusforschung, Bd. 3, hrsg. von Wolfgang Benz u. a., Frankfurt/Main 1994, S. 178–193.

Hübener, Kristina, *Jüdische Unternehmerfamilien und ihre Güter im südlichen Brandenburg*, in: Diekmann, Irene A. (Hg.), Jüdisches Brandenburg. Geschichte und Gegenwart, in: Beiträge zur Geschichte und Kultur der Juden in Brandenburg, Mecklenburg-Vorpommern, Sachsen-Anhalt, Sachsen und Thüringen, Bd. 5, hrsg. vom Moses Mendelssohn Zentrum für europäisch-jüdische Studien, Berlin 2008, S. 597–619.

Hübener, Kristina, *Unternehmertum und soziales Stiftungsengagement. Die in Berlin ansässigen Familien Israel und Mosse*, in: Jüdische Wohlfahrtsstiftungen. Initiativen jüdischer Stifterinnen und Stifter zwischen Wohltätigkeit und sozialer Reform. Schriftenreihe des Arbeitskreises Geschichte der jüdischen Wohlfahrt in Deutschland, Bd. 4, hrsg. von Andreas Ludwig/Kurt Schilde, Frankfurt/Main 2010, S. 193–213.

Hübener, Kristina/Leps, Marko, *Jüdische Unternehmerfamilien und ihre Güter im südlichen Brandenburg. Kaufhaus N. Israel – Rittergut Schulzendorf. Zeitungsverlag R. Mosse – Rittergut Schenkendorf*, in: Wegweiser durch das jüdische Brandenburg, hrsg. von Irene Diekmann/Julius H. Schoeps, Berlin 1995, S. 311–331.

Jersch-Wenzel, Stefi, *Zur Geschichte der jüdischen Bevölkerung in der Provinz Posen im 19. Jahrhundert*, in: Rhode, Gotthold (Hg.), Juden in Ostmitteleuropa. Von der Emanzipation bis zum Ersten Weltkrieg, in: Historische und landeskundliche Ostmitteleuropa Studien, Bd. 3, hrsg. von Hans Lemberg, Marburg/Lahn 1989, S. 73–84.

Kraus, Elisabeth, *Jüdische Stiftungstätigkeit. Das Beispiel der Familie Mosse in Berlin*, in: Zeitschrift für Geschichtswissenschaft, 45. Jg., Heft 2, hrsg. von Wolfgang Benz u. a., Berlin 1997, S. 101–122.

Kraus, Elisabeth, *Zwischen bürgerlicher Philanthropie und traditioneller Zedaka. Das Mäzenatentum der deutsch-jüdischen Familie Mosse*, in: Sammeln, Stiften, Fördern. Jüdische Mäzene in der deutschen Gesellschaft, in: Veröffentlichungen der Koordinierungsstelle für Kulturgutverluste, Bd. 6, hrsg. von der Koordinierungsstelle für Kulturgutverluste Magdeburg, Magdeburg 2008, S. 73–101.

Lehmann, Klaus Dieter, *Jüdische Mäzene – Sammeln und Stiften als zivilgesellschaftliches Engagement*, in: Sammeln, Stiften, Fördern. Jüdische Mäzene in der deutschen Gesellschaft, in: Veröffentlichungen der Koordinierungsstelle für Kulturgutverluste, Bd. 6, hrsg. von der Koordinierungsstelle für Kulturgutverluste Magdeburg, Magdeburg 2008, S. 13–27.

Mosse, Werner E., *Die Juden in Wirtschaft und Gesellschaft*, in: Juden im Wilhelminischen Deutschland 1890–1914, hrsg. von Werner E. Mosse, Tübingen 1976, S. 57–115.

Ribbe, Wolfgang, *Das Land Brandenburg in der SBZ/DDR (1945–1952)*, in: Brandenburgische Geschichte, hrsg. von IngoMaterna/Wolfgang Ribbe, Berlin 1995, S. 677–726.

Rürup, Reinhard, *Emanzipation und Krise – Zur Geschichte der »Judenfrage« in Deutschland vor 1890*, in: Juden im Wilhelminischen Deutschland 1890–1914, hrsg. von Werner E. Mosse, Tübingen 1976, S. 1–57.

Sösemann, Bernd, *Zeitungen für die Demokratie. Der Verleger Rudolf Mosse und sein Chefredakteur Theodor Wolff*, in: Berliner Profile, hrsg. von Erhard Haarmann u. a., Berlin 1993, S. 141–160.

Artikel

Blume, Franz, *Johann Friedrich Freiherr von Löben auf Schenkendorf. Ein Wegbereiter des neuen Deutschlands aus der Zeit des Dreißigjährigen Krieges*, in: Teltower Kreiskalender 1942, hrsg. vom Teltower Kreisblatt, 39. Jg., Berlin 1941, S. 60–66.

Borchert, Heinz, *Das Schenkendorfer Schloss und seine wechselvolle Geschichte*, in: Heimatkalender 1997. Königs Wusterhausen und Dahmeland, 3. Jg, hrsg. vom Heimatverein Königs Wusterhausen 1990 e. V., Berlin (o. J.), S. 80–83.

Hübener, Kristina / Leps, Marko, *Der Zeitungsverleger Rudolf Mosse als Besitzer des Rittergutes Schenkendorf*, in: Heimatkalender 2001. Königs Wusterhausen und Dahmeland, 7. Jg., hrsg. vom Heimatverein Königs Wusterhausen e. V., Berlin (o. J.), S. 50–55.

Schäffer, Harry, *Der Widerstand der Arbeiter in Schenkendorf 1920 gegen die Kappisten*, in: Heimatkalender 2001. Königs Wusterhausen und Dahmeland, 7.Jg., hrsg. vom Heimatverein Königs Wusterhausen e. V., Berlin (o. J.), S. 134–139.

Schulze, Bärbel, *Geschichte des Pfarrhauses in Schenkendorf*, in: Heimatkalender 2010. Königs Wusterhausen und Dahmeland, 16. Jg.,hrsg. vom Heimatverein Königs Wusterhausen 1990 e. V., o.A., S. 58–61.

Zeitungsartikel

Bent, Marika, *Berlins Fleetstreet. Mediengeschichte. Die Initiative »Berliner Zeitungsviertel« will das Quartier rund um die Kochstraße bekannter machen*, in: Märkische Allgemeine Zeitung, 3. Juli 2008.

Brandenburger Rotkreuzmagazin 3/1995, hrsg. vom Deutschen Roten Kreuz. Landesverband Brandenburg e. V., Berlin (o. J.).

Brenner, Michael, *Reich, jüdisch, talentiert. Die Memoiren von George Mosse*, in: Süddeutsche Zeitung, 13. Oktober 2003.

Das verwunschene Schloß zu Schenkendorf. Neben einem Schutzgebiet, das niemand kennt, liegt Kahlbutz' kleiner Bruder / Teichrosen über Braunkohle [ohne Autorenangabe], in: Königs Wusterhausener Rundschau, 4. Juni 1993.

Dracula hat auch das Gut gekauft. Zukunftsmusik: 15 kleine Läden / Brennerei soll rekonstruiert werden [ohne Autorenangabe], in: Märkische Allgemeine Zeitung, 22. Januar 1997.

Förster, Andreas, *Im Dorf reden sie hochachtungsvoll von dem Juden . Die Erben des Zeitungskönigs Rudolf Mosse wollen ein Rittergut in Dyrotz bei Berlin zurückhaben*, in: Berliner Zeitung, 15. April 1996.

Hier wohnte einst Rudolf Mosse mit seiner Familie. Berühmte Persönlichkeiten und fast vergessene Persönlichkeiten des öffentlichen Lebens / Zuhause im Schloß Schenkendorf [ohne Autorenangabe], in: Märkische Allgemeine Zeitung, 22. Juli 1999.

Kommt Dracula doch ins Schloß? Lachmann-Mosse-Anwalt: Es gibt Verhandlungen mit dem Prinzen [ohne Autorenangabe], in: Märkische Allgemeine Zeitung, 1. März 1995.

Merten, Jola, *George Mosse: Erinnerung an seine Berliner Vergangenheit*, in: Berliner Morgenpost, 8. Dezember 1996.

Mosse-Erben fordern 20 Grundstücke zurück [ohne Autorenangabe], in: Berliner Morgenpost, 19. Februar 1995.

Pallgen, Martin, *Früherer Besitz der Mosses vom Verfall bedroht. Gut Schenkendorf steht seit dem Auszug der DDR-Grenztruppen leer*, in: Der Tagesspiegel, 31. Dezember 1991/1. Januar 1992.

Schoeps, Julius H., *Der doppelte Außenseiter. Bewegend und unkonventionell: Die Autobiografie des Historikers George Mosse*, in: Die Zeit, 13. November 2003.

Schubert, Peter, *Von den Nazis geraubter »Mosse Brunnen« steht im Garten des Außenministers. Alteigentümer prüfen Rückgabeanspruch*, in: Berliner Morgenpost, 2. August 1998.

Raddatz, Fritz J., *Aus der Prunk und Protzhölle. Der Historiker George L. Mosse geht in seiner Biografie sehr kritisch mit seiner Herkunftsfamilie um*, in: Die Welt, 18. Oktober 2003.

Weintrauben groß wie Enteneier. Oktober 1896 in und um Königs Wusterhausen [ohne Autorenangabe], in: Märkische Allgemeine Zeitung, 10. Oktober 1996.

Wert, Oliver de, *Graf Dracula erweckt ein Schloß zu neuem Leben. Vorbesitzer war der Berliner Verleger Mosse*, in: Berliner Morgenpost, in: 23. Februar 1996.

Wo Verleger Rudolf Mosse Ruhe fand [ohne Autorenangabe], in: Berliner Morgenpost, 10. Januar 1999.

Internet

www.kulturverein-wustermark.de/chronik/dyrotz.html (Stand 3. Mai 2013).

www.wustermark.de/texte/seite.php?id=14832 (Stand 24. April 2013).

Lexika

Kubach, Hans Erich/Steeger, Joachim, *Die Kunstdenkmäler des Kreises Teltow*, in: Die Kunstdenkmäler der Provinz Mark Brandenburg, hrsg. vom Brandenburgischen Provinzialverband, Berlin 1941.

Walk, Joseph, *Kurzbiographien zur Geschichte der Juden 1918–1945*, hrsg. vom Leo Baeck Institute. Jerusalem, München 1988.

Abkürzungsverzeichnis

AG	Amtsgericht
BAMA	Bundesarchiv Militärarchiv
BLHA	Brandenburgisches Landeshauptarchiv
BMAG	Berliner Maschinenbau-Actiengesellschaft vormals L. Schwartzkopff
BTB	Berliner Tageblatt
DAV	Deutscher Anglerverband e. V.
DGP	Deutsche Grenzpolizei
EAOSa	Erwerbungsakten der Ostasiatischen Sammlung, Staatliche Museen Berlin/Ost
EWE	Erich Weinert Ensemble
Falstaf	Dresdener Falstaf Vermögensverwaltung Aktiengesellschaft
GemRPRegG SH	Gesetz über die Regelung verschiedener Punkte des Gemeindeverfassungsrechts
GM	Goldmark
GT	Grenztruppen
GVS	Güterverwaltung Schenkendorf
HO	Handelsorganisation
KLDS	Kreisarchiv Landkreis Dahme-Spreewald
KPD	Kommunistische Partei Deutschlands
KVP	Kasernierte Volkspolizei
LAB	Landesarchiv Berlin
LPG	Landwirtschaftliche Produktionsgenossenschaft
MdF	Ministerium der Finanzen
MdI	Ministerium des Innern
MfS	Ministerium für Staatssicherheit
NBGS	Niederschriftsbuch über die Beratungen der Gemeinderäte der Gemeinde Schenkendorf bei Königs Wusterhausen; 11. Dezember 1913–19. Juni 1937
NSDAP	Nationalsozialistische Deutsche Arbeiterpartei
NS-VEntschG	NS-Verfolgtenentschädigungsgesetz
NVA	Nationale Volksarmee
OHG	Offene Handelsgesellschaft
PAOS	Privatarchiv der Ortschronistin von Schenkendorf, Bärbel Schulze
PK	Propagandakompanie
RBG	Reichsbürgergesetz
REAO	Rückerstattungsanordnung des Landes Berlin

RGBl	Reichsgesetzblatt
RM	Reichsmark
RSiedlG	Reichssiedlungsgesetz
SBZ	Sowjetische Besatzungszone
SED	Sozialistische Einheitspartei Deutschlands
SMAD	Sowjetische Militäradministration
VdgB	Vereinigung der gegenseitigen Bauernhilfe
VermG	Gesetz zur Klärung offener Vermögensfragen
VPB	Volkspolizeibereitschaften
VVS	Vermögensverwaltungsstelle
ZK	Zentralkomitee

Abbildungsnachweis

Brandenburgisches Landeshauptarchiv (BLHA) 32 (Rep. 238 Bodenkulturamt Mahlow Nr. 351, o.B.), 61–63 (Rep. 5 E Amtsgericht Königs Wusterhausen Nr. 218, o.B.), 65 (Rep. 5 E Amtsgericht Königs Wusterhausen, Nr. 218, o.B.), 66 (Rep. 5 E Amtsgericht Königs Wusterhausen, Nr. 218, o.B.), 67 (Rep. 5 E Amtsgericht Königs Wusterhausen, Nr. 218, o.B.), 73 (Rep. 2 03 Amt zum Schutz des Volkseigentums Nr. Bo 1721, o.B.), 76 (Rep. 250 Landratsamt Teltow Nr. 414, o.B.), 79 (Rep. 250 Landratsamt Teltow Nr. 414, o.B.)

Erwerbungsakten der Ostasiatischen Sammlung, Staatliche Museen Berlin/Ost (EAOSa) 99, 100

Flick, Siegfried 49, 50

Heimat- und Museumsverein Königs Wusterhausen e.V. 33

Kreisarchiv Landkreis Dahme-Spreewald (KLDS) 72 (Rep. A-4 Gemeinde Schenkendorf Nr. 16, o.B.)

Oliwkowski, Christine 16 (Grafik: typgerecht, Berlin), 24, 25

Privatarchiv der Ortschronistin von Schenkendorf, Bärbel Schulze (PAOS) 12, 42, 43, 44, 45, 56 (2), 57 (3), 81, 82, 83, 84, 85, 97 (2), 107

Die Autorin

Christine Oliwkowski, M.A., geboren 1983, ist Judaistin und Historikerin für Zeitgeschichte. Bereits im Studium forschte sie zu deutsch-jüdischer Regionalgeschichte, ihr Fokus auf Brandenburg drückt sich dabei in der Auseinandersetzung mit ortsspezifischen Themen aus. Zurzeit forscht Christine Oliwkowski neben ihrer Arbeit als Projektleiterin im Dachverband Sächsischer Migrantenorganisationen über den Wandel der Jüdischen Gemeinde zu Dresden 1990–2005 durch den Zuzug von Kontingentflüchtlingen.